# Crimes Tributários

# Crimes Tributários

EXTINÇÃO DA PUNIBILIDADE E SONEGAÇÃO

**2020**

Rodrigo Luís Ziembowicz

**CRIMES TRIBUTÁRIOS**
EXTINÇÃO DA PUNIBILIDADE E SONEGAÇÃO
© Almedina, 2020

Autor: Rodrigo Luís Ziembowicz
DIAGRAMAÇÃO: Mariana Silva
DESIGN DE CAPA: Roberta Bassanetto
ISBN: 9788584935680

---

Dados Internacionais de Catalogação na Publicação (CIP)
(Câmara Brasileira do Livro, SP, Brasil)

---

Ziembowicz, Rodrigo Luís
Crimes tributários : extinção da punibilidade e sonegação /
Rodrigo Luís Ziembowicz. – São Paulo: Almedina, 2020.

Bibliografia.
ISBN 978-85-8493-568-0

1. Contribuições sociais 2. Direito comparado 3. Direito constitucional 4. Direito penal 5. Direitos e deveres 6. Direito tributário 7. Extinção da punibilidade 8. Sonegação fiscal 9. Tributos I. Título.

19-31258            CDU-343.359.2

---

Índices para catálogo sistemático:
1. Crimes tributários : Direito penal tributário 343.359.2
Maria Paula C. Riyuzo - Bibliotecária - CRB-8/7639

**Universidade Católica de Brasília - UCB**
Reitor: Prof. Dr. Ir. Jardelino Menegat | Pró-Reitor Acadêmico: Prof. Dr. Daniel Rey de Carvalho | Pró-Reitor de Administração: Prof. Me. Júlio César Lindemann | Diretor de Pós-Graduação, Identidade e Missão: Prof. Dr. Ir. Lúcio Gomes Dantas | Diretora da Escola de Humanidades, Negócios e Direito: Profa. Dra. Regina Helena Giannotti | Coordenador do Programa de Pós-Graduação em Direito: Prof. Dr. Maurício Dalri Timm do Valle | Editor-Chefe do Convênio de Publicações: Prof. Dr. Marcos Aurélio Pereira Valadão

Este livro segue as regras do novo Acordo Ortográfico da Língua Portuguesa (1990).
Todos os direitos reservados. Nenhuma parte deste livro, protegido por copyright, pode ser reproduzida, armazenada ou transmitida de alguma forma ou por algum meio, seja eletrônico ou mecânico, inclusive fotocópia, gravação ou qualquer sistema de armazenagem de informações, sem a permissão expressa e por escrito da editora.

Fevereiro, 2020

EDITORA: Almedina Brasil
Rua José Maria Lisboa, 860, Conj.131 e 132, Jardim Paulista | 01423-001 São Paulo | Brasil
editora@almedina.com.br | www.almedina.com.br

# PREFÁCIO

Esta obra representa uma exitosa pesquisa *stricto sensu* realizada com elevado nível de cientificidade, a qual foi elaborada sob a nossa orientação, traduzindo um esforço notadamente singular, caracterizado por uma dedicação ímpar e por uma profunda imersão no tema e nos assuntos jurídicos e sociais circunvizinhos, correlacionados e comparados ao direito estrangeiro, especialmente com o direito europeu, com destaque para as legislações constitucionais, penais e tributárias da Espanha, da Alemanha, da Áustria e da Itália.

Conforme destaca o Autor, buscou-se verificar o escorço histórico da aplicação da extinção da punibilidade pelo pagamento do débito fiscal nos crimes tributários, bem como a forma que atualmente este instituto de política econômica e criminal tem sido aplicado, em perspectiva comparada entre o Brasil e os países europeus de origem jurídica romano-germânica referidos, sempre focando a investigação na busca de soluções aos problemas atuais e na proteção aos direitos fundamentais insculpidos na Constituição. Assim, exigiu-se do pesquisador, muito além dos conhecimentos técnicos regulares, o domínio de uma cultura jurídica geral, somada a uma compreensão ampla, meticulosa e interdisciplinar do tema investigado. Nesse contexto, acrescentem-se as variadas minúcias das linguagens e das culturas estrangeiras abordadas, que devem ser diligentemente compreendidas e utilizadas em um texto jurídico científico, além de serem associadas aos respectivos contextos socioculturais.

Nesse rumo, Rodrigo Luís Ziembowicz compartilha generosamente conosco o pleno êxito desta jornada científica, e certamente ainda nos brindará com outras obras de enorme valor não apenas para o meio acadêmico, mas também para a resolução de problemas que afetam os cidadãos e o Estado como um todo, resultando no aperfeiçoamento das instituições e da própria sociedade, face ao seu brilhantismo profissional e acadêmico. De fato, o Autor é Delegado de Polícia Federal, com experiência na investigação de crimes fazendários e tributários, bem como na coordenação de cursos de formação profissional e de capacitação continuada na Academia Nacional de Polícia (Polícia Federal, Brasil), além de exercer atividades de docência em cursos de pós-graduação da Coordenação Escola Superior de Polícia (CESP/ANP) e da Escola Nacional de Administração Pública (ENAP). O Autor é Mestre em Direito pela Universidade Católica de Brasília (UCB, 2018), Bacharel em Direito pela Universidade da Região da Campanha (URCAMP, 2001) e, atualmente, inicia um Curso de Doutoramento em Ciências Jurídicas na Universidade Autônoma de Lisboa, em Portugal. Nota-se, portanto, que o autor tem conhecimento prático do tema e a obra que vem a lume não se resume a uma distante e fria abordagem teórica, embora siga os ditames de uma investigação científica.

Efetivamente, a mim foi deferida a honrosa e também prazerosa tarefa de orientar esse Pesquisador durante a sua grande imersão nas ciências constitucionais, penais e tributárias, bem como prefaciar este relevante estudo, tecendo as linhas iniciais dirigidas ao estimado acadêmico, profissional ou estudioso do tema. Aliás, não convém ao prefaciador resumir a obra, até mesmo porque o notável e relevantíssimo contributo científico ora apresentado evidentemente não poderia ser sintetizado em duas ou três laudas, mas cabe-me convidar e estimular o leitor ao seu estudo cuidadoso e detido, que certamente lhe renderá muitos bons frutos, face ao conhecimento científico minuciosamente selecionado e investigado que compõe a obra aqui prefaciada.

Com efeito, esta obra realiza importantíssima investigação científica no campo do direito constitucional, penal e tributário, com importante análise de dados das mais diversas e relevantes instituições do País na persecução aos delitos tributários e previdenciários, perpassando pela análise econômica do direito, sem descurar em nenhum momento dos fenômenos sociais, econômicos e criminais circundantes ao tema. Representa, de fato, uma fonte onde aqueles que têm a árdua missão de definir as políticas públicas deveriam sorver o seu conteúdo para acalmarem suas inquietudes, terem suas dúvidas lucidamente sanadas, de forma a definirem a mais adequada política criminal-tributária para a sociedade. Nas palavras do Autor, um sistema penal-fiscal não pode representar uma afronta ao contribuinte honesto, um obstáculo a um mercado saudável e um favorecimento ao parasitismo. Diante desses problemas, demonstrando constantemente elevado senso de cidadania e de responsabilidade, o nobre Autor realizou uma investigação em que mergulhou de forma diferenciada na análise tanto dos direitos fundamentais quanto dos deveres fundamentais dos cidadãos, realizando um estudo transversal com o Direito Constitucional Penal e Constitucional Tributário. Ao final, brindou-nos com uma detalhada e lúcida conclusão, em que propôs uma série de soluções para os problemas que são encontradas no sistema penal-tributário, os quais causam graves reflexos na sociedade. Destaque-se que este é o papel da academia, estudar com rigor os problemas, dissecá-los e expor as alternativas e as soluções. Desse modo, a presente obra cumpre com louvor seu desiderato acadêmico e faz com que seu Autor, sem dúvida, passe a ombrear com os grandes nomes da literatura penal e tributária contemporânea.

Por toda a dedicação, seriedade de pesquisa e colaboração para o desenvolvimento da teoria e da prática do direito Constitucional Penal Tributário, os meus mais sinceros cumprimentos ao Mestre Rodrigo Luís Ziembowicz; e, aos leitores, uma ótima e prazerosa leitura.

Brasília/DF, 23 de agosto de 2019..

### Marcos Aurélio Pereira Valadão

Pós-Doutor em Direito (UnB, 2017). Doutor em Direito pela Southern Methodist University-EUA (SMU, 2005 - título revalidado pela UnB). Bacharel em Direito pela Pontifícia Universidade Católica de Goiás (PUC-GO, 1993). Possui Especialização em Administração Tributária (PUC-GO, 1991), MBA-Executivo em Finanças pelo IBMEC (1996) e Mestrado em Direito pela Universidade de Brasília (UnB, 1999). Ex-Membro brasileiro do Comitê de Peritos em Cooperação Internacional em Matéria Tributária da ONU (ECOSOC) (jun/2009-jun/2013). Professor da Universidade Católica de Brasília dos cursos de Graduação e Mestrado em Direito, e também em cursos de especialização lato sensu. Professor da Escola de Administração Fazendária (ESAF, atual ENAP) e Auditor Fiscal da Receita Federal do Brasil. Ex Coordenador-Geral de Relações Internacionais da Receita Federal do Brasil. Ex-Presidente da 1ª Seção do Conselho Administrativo de Recursos Fiscais do MF (CARF/jun2013-jul/2017). Membro de diversos conselhos editoriais de publicações jurídicas nacionais e estrangeiras.

# SUMÁRIO

1. INTRODUÇÃO — 11

2. ASPECTOS HISTÓRICOS E JURISPRUDENCIAIS DA EXTINÇÃO DA PUNIBILIDADE PELO PAGAMENTO — 15
2.1 Escorço Histórico do Instituto da Extinção da Punibilidade pelo Pagamento — 17
2.2 Dados Históricos Recentes sobre Inquéritos Policiais Federais e Processos Criminais Federais para Investigação e Julgamento dos Crimes Tributários em Detrimento da União — 23
2.3 Do Tratamento Dispensado Atualmente pelo Instituto da Extinção da Punibilidade aos Delitos Fiscais na Jurisprudência Brasileira — 28
2.4 Da Extinção da Punibilidade pelo Pagamento nos Crimes Tributários na Alemanha, na Itália e na Espanha — 35

3. DOS DIREITOS E DEVERES FUNDAMENTAIS — 39
3.1 Dos Direitos e Princípios Fundamentais Aplicados ao Instituto da Extinção da Punibilidade pelo Pagamento nos Delitos Fiscais — 43
   3.1.1 Da Isonomia — 47
   3.1.2 Da Proporcionalidade — 58
   3.1.2.1 Da Proporcionalidade sob a Perspectiva da Proibição do Excesso — 65
   3.1.2.2 Da Proporcionalidade sob a Perspectiva da Proibição da Proteção Deficiente — 71
3.2 Dos Deveres Fundamentais — 82
   3.2.1. Os Deveres Fundamentais em Geral — 82
3.2.2. O Dever Fundamental de Pagar Tributos — 85

4. A TUTELA PENAL EM CRIMES CONTRA A ORDEM TRIBUTÁRIA    97
4.1 O Bem Jurídico Protegido pela Tipificação dos Crimes Contra a Ordem Tributária    110
4.2 Os Princípios da Intervenção Mínima, da Subsidiariedade e da Fragmentariedade do Direito Penal em Face da Extinção da Punibilidade pelo Pagamento    117
4.3 A Ofensividade (Lesividade)    122
4.4 O Estímulo à Sonegação Segundo a Análise Econômica do Direito    125

5. CONCLUSÕES    139

REFERÊNCIAS    151

# 1. Introdução

A extinção da punibilidade criminal através do pagamento do débito tributário tem longa tradição na Áustria e na Alemanha, onde este instituto é aplicado há mais de um século (e recebe severas críticas doutrinárias), e foi instituído no Brasil nos anos sessenta, tendo sofrido tantas mudanças que guarda poucas das suas características originais, apesar de inicialmente ter sido inspirado no modelo germânico.

Assim, este estudo se destina a examinar o instituto da extinção da punibilidade nos principais crimes contra a ordem tributária em sentido amplo, incluindo, portanto, os delitos previdenciários (arts. 1° e 2° da Lei n° 8.137/90, e arts. 168-A e 337-A do Código Penal). Serão verificadas as origens e as alterações que ocorreram ao longo dos anos no Brasil. Abordar-se-á, também, a aplicação da tutela penal em delitos dessa natureza, inclusive verificando se a descriminalização concedida preserva os direitos e princípios fundamentais do Texto Constitucional e, em caso negativo, se há como harmonizar o precitado instituto com os valores mais caros à sociedade.

No mesmo vértice, serão analisadas as relações do contribuinte honesto para com as benesses oferecidas pelo atual sistema brasileiro de extinção da punibilidade, bem como os efeitos da isenção da pena e outros benefícios tributários sobre o mercado.

Trata-se de trabalho de cunho exemplificativo e problematizador, nesta complexa e, pode-se afirmar, tormentosa relação entre o poder-dever de tributar do Estado Fiscal, necessário para que o Estado possa cumprir as atribuições que lhe foram impostas constitucionalmente na condição de

Estado Social e Democrático, respeitando-se os limites intransponíveis dos direitos fundamentais.

Analisar-se-ão alguns avanços da legislação nas searas do direito tributário e do direito penal tributário (e outros tantos retrocessos), verificando por que o instituto da extinção da punibilidade, nas condutas lesivas à ordem tributária, permanece sendo alvo de inúmeras (e bem fundamentadas) críticas.

Efetivamente, no Brasil, uma parcela dos tributaristas continua aplaudindo a citada descriminalização (ou liberação da pena) em virtude do pagamento do débito nos crimes tributários, sustentando que ela promove a recomposição do dano ao bem jurídico coletivo (Erário Público), utilizado para promover, de forma mediata, a dignidade humana. Os defensores da extinção da punibilidade ainda alegam que ela representa um progresso democrático das normas criminais, prevalecendo sobre os estágios mais atrasados da sociedade, pois permite a volta do produtor de bens e tributos à sua atividade (por não estar encarcerado) e à honestidade fiscal.

Entretanto, outros ponderam que esta liberação da pena configura uma quebra do equilíbrio e da constância do sistema de persecução criminal, restringe a questão penal a uma simples querela financeira, usando a persecução penal como *prima ratio* para aumentar a arrecadação fiscal e gerando uma forte descrença na atuação da Polícia Judiciária (responsável pela investigação penal), do Ministério Público (que promove a ação penal) e do Judiciário (que julga os delitos), transformando essas instituições em simples coletores de recursos financeiros para o Estado.

Aqueles que sustentam esta corrente também afirmam que esta liberação da pena, tal como está atualmente prevista na legislação brasileira, diverge totalmente do regime aplicado a crimes semelhantes que constam no Código Penal (normalmente cometidos por pessoas de baixo poder aquisitivo), além de incitar à fraude (e todo o desvalor que a conduta representa), trazendo benefícios a quem paga os débitos quando flagrado, como quem costumeiramente sonega tributos e utiliza esses valores ocultados do Fisco como capital de giro na sua empresa, utilizando-os para quitação das exações devidas somente quando suas infrações são descobertas. Assim, segundo argumentam, a persecução penal e a ameaça de pena de prisão somente podem atingir a quem não consegue saldar a dívida (mesmo que tenha agido com boa-fé e somente esteja insolvente temporariamente).

Diante do exposto, convém analisar a extinção da punibilidade dos crimes tributários à luz da Constituição Federal, balizando-a conforme os direitos fundamentais (legitimados *per si*), em contraposição à limitação desmedida destes pelo Estado quando visa ao aumento da arrecadação, incluindo a persecução penal (que deveria ser a *ultima ratio*) como forma de coação fiscal, ou pior, usando a extinção da pena como modo de ofertar a impunidade aos sonegadores.

Nesse intuito, verificar-se-á o escorço histórico da extinção da punibilidade pelo pagamento nos crimes tributários, tanto no Brasil quanto em alguns países europeus de origem jurídica romano-germânica. Posteriormente, serão analisados os princípios e direitos fundamentais com maior relevância para a análise dos crimes fiscais e da precitada liberação da pena, além dos deveres fundamentais, entre os quais o dever de pagar tributos será investigado com maior profundidade.

Na sequência, será averiguada a legitimidade das previsões penais tributárias, principalmente com relação aos bens jurídicos protegidos, aos princípios de direito penal constitucional e, por fim, quanto à eficácia do atual sistema penal tributário brasileiro na prevenção dos delitos fiscais.

## 2. Aspectos Históricos e Jurisprudenciais da Extinção da Punibilidade pelo Pagamento

A fraude tributária e a evasão fiscal nasceram juntamente com a instituição dos tributos, e infelizmente são praticadas desde o surgimento dos primeiros agrupamentos humanos. Essas fugas ilegítimas à contribuição exigida para financiar o bem comum sempre exigiram a intervenção dos responsáveis pela administração das comunidades, de forma a preservar o sistema de repartição dos custos gerados pela necessidade de defender, organizar e prover condições mínimas para uma convivência em sociedade.

Nesse vértice, quanto ao tema sob estudo, faz-necessário verificar as origens da extinção da punibilidade pelo pagamento do débito fiscal e sua aplicação ao longo do tempo, bem como as sucessivas manifestações da Suprema Corte brasileira sobre a matéria, visando a verificar os principais aspectos da evolução do entendimento e da aplicação deste instituto no ordenamento jurídico brasileiro.

No mesmo rumo, passar-se-á a permear o texto, em tópicos específicos, com a legislação e as abordagens relativas aos crimes fiscais e à extinção da punibilidade pelo pagamento utilizadas pela Alemanha, pela Espanha e pela Itália. Essas três ordens jurídicas nacionais estrangeiras foram escolhidas por que se integram em uma única família de direito, de origem romano-germânica, que também serviu de base para os ordenamentos jurídicos ibero-americanos, como anota Carlos Ferreira de Almeida (1998, p. 41-42).

Ressalta-se, também, que esses países possuem estruturas judiciárias e ordenamentos jurídicos codificados (*civil law*) assemelhados ao brasileiro, além de possuírem sistemas penais-tributários parecidos entre si e com o Brasil, embora sem um paralelismo perfeito. Destaca-se, ainda, que a previsão de extinção da punibilidade pelo pagamento tributário, objeto central de análise neste estudo, é um instituto que foi adotado tanto pelo Brasil (1965), quanto pela Espanha (1995) e mais recentemente pela Itália (2015), mediante a internalização do modelo germânico em suas respectivas legislações, com pequenas modificações.[1] Serão feitas, ainda, algumas referências pontuais a algumas características dos sistemas penais-tributários da Áustria, de Portugal e da Argentina, os quais também têm origem romano-germânica e seus ordenamentos jurídicos codificados.

Efetivamente, as comparações entre as legislações desses diferentes países serão realizadas de um modo construtivista,[2] abordando tanto as semelhanças quanto algumas diferenças, no que se refere à legislação e à doutrina aplicadas aos crimes tributários (em sentido lato). Analisar-se-á também a continuidade do modelo de extinção da punibilidade utilizado pelos alemães, espanhóis e italianos, em contraste com a ruptura ocorrida no Brasil, em que o modelo germânico internalizado em 1965 sofreu profunda modificação.

---

[1] Conforme orientam Arminjon, Nolde e Wolff, em seu *Traité de Droit Comparé* (1950, p. 48), são importantes fatores para uma comparação adequada de sistemas jurídicos a sua origem, as relações de derivação e as suas semelhanças, enquanto as comparações jurídicas que não atendem a esses requisitos podem, por vezes, fazerem analogias acidentais ou mesmo duvidosas.
[2] Como ressalta Alessandro Somma (2015, p.177), o comparatista jurídico deve ter muito cuidado ao realizar seu estudo, face à íntima subjetividade de uma pesquisa de direito, pois este configura uma técnica posta a serviço de valores, bens e pessoas, com continuidades e rupturas na sucessão de poderes, em torno dos quais ocorre o conflito social.

## 2.1 Escorço Histórico do Instituto da Extinção da Punibilidade pelo Pagamento

As cláusulas de regularização fiscal que condicionam a punibilidade nos delitos tributários existem nos ordenamentos jurídicos alemão[3] e austríaco[4] há mais de um século, segundo Iglesias Río (2003, p. 85). Por seu turno, Sánchez Ríos (2003, p. 138) relata que a raiz do instituto da extinção de punibilidade atual, através do pagamento do crédito tributário a que o Estado faz jus, encontra-se na doutrina e na legislação germânicas.

Nos dias atuais, consta na legislação tributária alemã (*Abgabenordnung* - § 371) e austríaca (*Finanzstrafgesetz* - § 29), eximindo da pena criminal o contribuinte faltoso, diante do interesse patrimonial do Estado em ampliar a arrecadação tributária através do afloramento de fontes fiscais antes desconhecidas, recebendo na Alemanha o nome de "autodenúncia liberadora de pena".[5]

No ano de 1995, com grande similitude, o precitado instituto foi intro-

---

[3] Em estudo sobre o tema, Iglesias Río (2003, p. 111-120) aponta que as primeiras disposições alemãs referentes à autodenúncia (*selbstanzeige*) constavam no art. 105-III da *Grund-Gebäude- -und Gewede Steuergesetz de Würtemberger*, de 1873, e na Norma Fiscal sobre o Imposto de Renda, de 1874, no qual o art. 63-II isentava de pena o devedor que retificasse os dados antes da investigação. Entretanto, conforme o autor, os contornos atuais do instituto da extinção da punibilidade alemão, tomam forma com o §179 da Lei do Imposto sobre a Propriedade, de 1913, pois exigia a retificação dos dados e o pagamento, além da ausência de descoberta prévia pela autoridade fiscal ou do início das investigações. Esta previsão inspirou o §374 do *Reichsabgeordnung* (Ordenança Tributária do Império), de 1919, cujas linhas gerais permanecem na previsão do atual §371 do *Abgabeordnung* alemão em vigor.

[4] Conforme Iglesias Río (2003, p. 104-110), a autodenúncia em questões tributárias possui longa tradição na Áustria, e o antecedente mais antigo seria o *Ungel-Ordnung*, de 1639, em que era estimulada a colaboração dos cidadãos frente às práticas delitivas de terceiros e, se o denunciante também estava envolvido, era liberado da pena. Posteriormente, o *Personalsteuergesetz*, de 1896, previu a possibilidade de isentar de pena o contribuinte que retificasse seus dados fiscais, desde que o fizesse antes do oferecimento da denúncia ou da primeira citação como processado no interrogatório. Quando a Áustria foi invadida pela Alemanha em 1938, foi implantado o *Reichsabgeordnung* germânico, de 1931, o qual unificou a legislação esparsa sobre o direito tributário e penal tributário, e previa no § 410 a autodenuncia. O atual modelo austríaco da autodenúncia com isenção de pena tem início em 1959, com a entrada em vigor da *Finanzstrafgesetz*, e sofreu leves modificações nas leis de 1975 e de 1985, permanecendo prevista, inclusive, no § 29.

[5] Nomenclatura utilizada conforme apontamentos de Martínez-Buján Pérez (2002, p. 95-105) e Iglesias Río (2003, p. 31).

duzido no Código Penal espanhol, constando atualmente no art. 305.4 da Ley Orgánica 10/1995. Na Espanha, os doutrinadores a consideram, majoritariamente, uma "escusa absolutória" (IGLESIAS RÍO, 2003, p. 37), por entenderem que a regularização fiscal praticada pelo contribuinte tem a natureza jurídica de uma causa pessoal de exclusão da pena.

Acrescente-se que a anulação da pena está condicionada, tanto na Alemanha, quanto na Áustria e na Espanha, à regularização da situação fiscal antes da intervenção da Administração Pública ou da atuação de qualquer um dos órgãos de persecução penal (MARTÍNEZ BUJÁN-PÉREZ, 1998, p. 65).

Há cerca de três anos, o mesmo instituto foi incluído no ordenamento jurídico italiano (D.LGS. 158/2015, que alterou o art. 13 do D.LGS. 74/2000), conforme Gambogi (2016, p. 380-392), possuindo evidente semelhança com a previsão germânica, inclusive quanto ao lapso temporal para a autodenúncia (que deverá ser anterior a eventual procedimento fiscal ou processual penal).

No Brasil, para alguns autores, a extinção da punibilidade em relação aos crimes fiscais foi introduzida mediante a Lei 4.357/64, que ampliou os fatos constitutivos do crime de apropriação indébita previsto no Código Penal. Nesta lei, a extinção da punibilidade ocorreria caso existisse, à data da apuração da falta, crédito do infrator perante a Fazenda Nacional, autarquias federais e sociedade de economia mista, de importância superior aos tributos não recolhidos.

Entretanto, como a redação legal exigia a existência prévia de crédito tributário do contribuinte, o que significa dizer que não havia débito (de fato) perante a Administração Pública, a quase unanimidade dos juristas brasileiros assevera que a Lei nº 4.729/65 foi a norma que estabeleceu a possibilidade de extinção da punibilidade nos delitos fiscais, além de ser a primeira a criminalizar as condutas de sonegação fiscal no Brasil:

> Art. 2º *Extingue-se a punibilidade* dos crimes previstos nesta Lei quando o agente promover o recolhimento do tributo devido, *antes de ter início*, na esfera administrativa, a *ação fiscal* própria. (Grifou-se).

Destaque-se que outras previsões legais também trataram posteriormente da extinção da punibilidade pelo pagamento do tributo, como o art. 1º da Lei 5.498/68, o Decreto nº 157/67 e o Decreto-Lei nº 1.060/69, tendo como marco temporal limitador alguma fase da atuação administrativa do Fisco.

Muito após, a Lei nº 8.137/90[6] estendeu a extinção também aos casos de contribuição social,[7] ampliando ainda o prazo para o pagamento até o

---

[6] A Lei nº 8.137, de 27 de dezembro de 1990, que define crimes contra a ordem tributária, econômica e contra as relações de consumo, prevê: "[...] Art. 1° Constitui crime contra a ordem tributária suprimir ou reduzir tributo, ou contribuição social e qualquer acessório, mediante as seguintes condutas: I - omitir informação, ou prestar declaração falsa às autoridades fazendárias; II - fraudar a fiscalização tributária, inserindo elementos inexatos, ou omitindo operação de qualquer natureza, em documento ou livro exigido pela lei fiscal; III - falsificar ou alterar nota fiscal, fatura, duplicata, nota de venda, ou qualquer outro documento relativo à operação tributável; IV - elaborar, distribuir, fornecer, emitir ou utilizar documento que saiba ou deva saber falso ou inexato; V - negar ou deixar de fornecer, quando obrigatório, nota fiscal ou documento equivalente, relativa a venda de mercadoria ou prestação de serviço, efetivamente realizada, ou fornecê-la em desacordo com a legislação. Pena - reclusão de 2 (dois) a 5 (cinco) anos, e multa. Parágrafo único. A falta de atendimento da exigência da autoridade, no prazo de 10 (dez) dias, que poderá ser convertido em horas em razão da maior ou menor complexidade da matéria ou da dificuldade quanto ao atendimento da exigência, caracteriza a infração prevista no inciso V. Art. 2° Constitui crime da mesma natureza: I - fazer declaração falsa ou omitir declaração sobre rendas, bens ou fatos, ou empregar outra fraude, para eximir-se, total ou parcialmente, de pagamento de tributo; II - deixar de recolher, no prazo legal, valor de tributo ou de contribuição social, descontado ou cobrado, na qualidade de sujeito passivo de obrigação e que deveria recolher aos cofres públicos; III - exigir, pagar ou receber, para si ou para o contribuinte beneficiário, qualquer percentagem sobre a parcela dedutível ou deduzida de imposto ou de contribuição como incentivo fiscal; IV - deixar de aplicar, ou aplicar em desacordo com o estatuído, incentivo fiscal ou parcelas de imposto liberadas por órgão ou entidade de desenvolvimento; V - utilizar ou divulgar programa de processamento de dados que permita ao sujeito passivo da obrigação tributária possuir informação contábil diversa daquela que é, por lei, fornecida à Fazenda Pública. Pena - detenção, de 6 (seis) meses a 2 (dois) anos, e multa."

[7] O Código Penal (Decreto-Lei nº 2.848, de 7 de dezembro de 1940) prevê: "[...] Apropriação indébita previdenciária. Art. 168-A. Deixar de repassar à previdência social as contribuições recolhidas dos contribuintes, no prazo e forma legal ou convencional: Pena - reclusão, de 2 (dois) a 5 (cinco) anos, e multa. § 1º Nas mesmas penas incorre quem deixar de: I - recolher, no prazo legal, contribuição ou outra importância destinada à previdência social que tenha sido descontada de pagamento efetuado a segurados, a terceiros ou arrecadada do público; II - recolher contribuições devidas à previdência social que tenham integrado despesas contábeis ou custos relativos à venda de produtos ou à prestação de serviços; III - pagar benefício devido a segurado, quando as respectivas cotas ou valores já tiverem sido reembolsados à empresa pela previdência social. [...] Sonegação de contribuição previdenciária. Art. 337-A. Suprimir ou reduzir contribuição social previdenciária e qualquer acessório, mediante as seguintes condutas: I - omitir de folha de pagamento da empresa ou de documento de informações previsto pela

recebimento da denúncia, com a seguinte dicção:

> Art. 14. *Extingue-se a punibilidade* dos crimes definidos nos arts. 1º a 3º quando o agente promover o pagamento de tributo *ou contribuição social,* inclusive acessórios, antes do *recebimento da denúncia.* (Grifou-se).

Entretanto, o art. 98 da Lei nº 8.383/91 revogou expressamente os artigos das precitadas leis que tratavam da extinção da punibilidade.

Com o advento da Lei nº 9.249/95, a liberação da pena foi restabelecida:

> Art. 34. *Extingue-se a punibilidade* dos crimes definidos na Lei nº 8.137, de 27 de dezembro de 1990, e na Lei nº 4.729, de 14 de julho de 1965, quando o agente promover o pagamento do tributo ou contribuição social, inclusive acessórios, *antes do recebimento da denúncia.* (Grifou-se).

Após, com a Lei nº 9.964/00, estabeleceu-se a suspensão da pretensão punitiva do Estado a quem tivesse sido admitido no REFIS até o recebimento da denúncia, bem como a extinção da punibilidade em virtude do pagamento integral dos débitos oriundos de tributos e contribuições sociais:

> Art. 15. É suspensa a pretensão punitiva do Estado, referente aos crimes previstos nos arts. 1º e 2º da Lei nº 8.137, de 27 de dezembro de 1990, e no art. 95 da Lei nº 8.212, de 24 de julho de 1991, durante o período em que a pessoa jurídica relacionada com o agente dos aludidos crimes estiver incluída no Refis, desde que a inclusão no referido Programa tenha ocorrido antes do recebimento da denúncia criminal.
> [...]
> § 3º Extingue-se a punibilidade dos crimes referidos neste artigo quando a pessoa jurídica relacionada com o agente efetuar o pagamento integral dos débitos oriundos de tributos e contribuições sociais, inclusive acessórios, que tiverem sido objeto de concessão de parcelamento antes do recebimento da denúncia criminal. (Grifou-se).

legislação previdenciária segurados empregado, empresário, trabalhador avulso ou trabalhador autônomo ou a este equiparado que lhe prestem serviços; II - deixar de lançar mensalmente nos títulos próprios da contabilidade da empresa as quantias descontadas dos segurados ou as devidas pelo empregador ou pelo tomador de serviços; III - omitir, total ou parcialmente, receitas ou lucros auferidos, remunerações pagas ou creditadas e demais fatos geradores de contribuições sociais previdenciárias: Pena - reclusão, de 2 (dois) a 5 (cinco) anos, e multa. [...]"

Com a entrada em vigor da Lei nº 10.684/03, previu-se a suspensão da pretensão punitiva do Estado, referente aos crimes fiscais e previdenciários, durante o período de parcelamento, mantendo a extinção da punibilidade em virtude do pagamento integral dos débitos oriundos de tributos e contribuições sociais, inclusive acessórios. Entretanto, desta feita o legislador inovou e não previu o prazo para pagamento. Dessa forma, a interpretação jurisprudencial predominante entendeu que o pagamento poderia ser realizado até a sentença penal condenatória, ou seja, durante qualquer fase do processo penal:

> Art. 9º É suspensa a pretensão punitiva do Estado, referente aos crimes previstos nos arts. 1º e 2º da Lei nº 8.137, de 27 de dezembro de 1990, e nos arts. 168-A e 337A do Decreto-Lei nº 2.848, de 7 de dezembro de 1940 – Código Penal, durante o período em que a pessoa jurídica relacionada com o agente dos aludidos crimes estiver incluída no regime de parcelamento.
> [...]
> § 2º *Extingue-se a punibilidade* dos crimes referidos neste artigo quando a pessoa jurídica relacionada com o agente efetuar o pagamento integral dos débitos oriundos de tributos e contribuições sociais, inclusive acessórios. (Grifou-se).

Por seu turno, a Lei nº 11.941/09 manteve a suspensão da pretensão punitiva do Estado nos crimes previstos nos arts. 1º e 2º da Lei nº 8.137/90, e nos arts. 168-A e 337-A do Código Penal, tratando dessa forma a extinção da punibilidade:

> Art. 69. *Extingue-se a punibilidade* dos crimes referidos no art. 68 quando a pessoa jurídica relacionada com o agente efetuar o pagamento integral dos débitos oriundos de tributos e contribuições sociais, inclusive acessórios, que tiverem sido objeto de concessão de parcelamento. (Grifou-se).

Posteriormente, a Lei nº 12.382/2011 alterou a Lei nº 9.430/1996, cujo art. 83 passou a ter a seguinte redação:

> Art. 83. A representação fiscal para fins penais relativa aos crimes contra a ordem tributária previstos nos arts. 1º e 2º da Lei nº 8.137, de 27 de dezembro de 1990, e aos crimes contra a Previdência Social, previstos nos arts. 168-A e 337-A do Decreto-Lei nº 2.848, de 7 de dezembro de 1940 (Código Penal), será encaminhada ao Ministério Público depois de proferida a decisão final, na esfera administrativa, sobre a exigência fiscal do crédito

tributário correspondente.
[...]
§ 2º *É suspensa a pretensão punitiva* do Estado referente aos crimes previstos no caput, durante o período em que a pessoa física ou a pessoa jurídica relacionada com o agente dos aludidos crimes estiver incluída no parcelamento, desde que o pedido de parcelamento tenha sido formalizado antes do *recebimento da denúncia criminal*.
[...]
§ 4º *Extingue-se a punibilidade* dos crimes referidos no *caput* quando a pessoa física ou a pessoa jurídica relacionada com o agente efetuar o pagamento integral dos débitos oriundos de tributos, inclusive acessórios, que tiverem sido objeto de concessão de parcelamento.
[...]
§ 6º As disposições contidas no caput do art. 34 da Lei nº 9.249, de 26 de dezembro de 1995, aplicam-se aos processos administrativos e aos inquéritos e processos em curso, desde que *não recebida a denúncia pelo juiz*. (Grifou-se).

Dessa forma, percebe-se que, desde a entrada em vigor da Lei nº 8.137/90,[8] houve uma instabilidade evidente na diretriz político-criminal, quanto à liberação da pena em razão do pagamento do débito fiscal. Ocorreram várias mudanças no marco temporal de tolerância para que o infrator possa usufruir do benefício da extinção da punibilidade, num caótico vaivém, mas restou claro um movimento em direção à ampliação do prazo para pagamento do tributo.

Outro fato que também é muito prejudicial àquilo que se espera de um sistema tributário e penal tributário justo: nem sequer é exigida, no Brasil, a autodenúncia completa do contribuinte faltoso, com a regularização integral dos dados fiscais perante a Administração Fazendária, como requisito para a concessão da extinção da punibilidade.[9]

---

[8] Ao tratar do tema, Juary Silva (1998, p. 22) afirmou que, em 1965, o legislador sistematizou os crimes tributários, em virtude da necessidade de ordenar o sistema tributário nacional e de reestruturar o mecanismo fiscal federal, empregando moderação e prudência, além de editar disposições semelhantes a países europeus. Depois, o autor afirmou: "Já em 1990, o legislador agiu de modo atabalhoado, ignorando o Estado Democrático de Direito (art. 1º da CF) e a boa técnica legislativa, para produzir um diploma canhestro, desvinculado de alguns dos princípios mais comezinhos da Ciência Penal e com o objetivo precípuo de aumentar, à l'outrance, a arrecadação tributária. Com o escopo, vale dizer, de aterrorizar os contribuintes [...] desvinculado de toda desconsideração ética, jurídica ou social."

[9] A jurista Isabel Marques da Silva (2010, p. 62-68), ao tratar dos crimes tributários, alerta

Desse modo, basta ao delinquente fiscal[10] pagar (somente) os valores sonegados que foram constatados (e comprovados) pelos órgãos de fiscalização para se ver livre da pena, pois eventual descoberta posterior de outros valores sonegados (e não relatados pelo contribuinte) não tem o condão de anular a extinção da pena anteriormente concedida.

Percebe-se, então, que a partir de 1990 (e salvo um curto período de 1992 a 1995) o instituto da extinção da punibilidade em delitos fiscais foi desfigurado pelo legislador brasileiro, tomando feições diversas do instituto inicialmente importado da doutrina e da legislação penal alemã.

## 2.2 Dados Históricos Recentes sobre Inquéritos Policiais Federais e Processos Criminais Federais para Investigação e Julgamento dos Crimes Tributários em Detrimento da União

Em virtude da possibilidade de extinção da punibilidade dos crimes sob estudo, é importante destacar, também, os dados históricos recentes sobre o número de processos judiciais criminais da Justiça Federal, em primeiro e segundo graus, envolvendo os crimes sob análise. Com efeito, o estudo do tema proposto não seria satisfatório sem uma noção, mesmo que parcial (por conter dados referentes apenas à Justiça Federal), que possibilitasse mensurar os reflexos da política criminal tributária (inclusive quanto à aplicação da extinção da punibilidade) nas atribuições constitucionais da Polícia Judiciária da União, do Ministério Público Federal e da Justiça Federal. No mesmo rumo, os números que constam nos gráficos abaixo serão usados como referências no decorrer do estudo, de forma a ilustrar os comentários e conclusões.

---

sobre alguns sinais do caráter "sui generis privilegiado" atribuído aos crimes fiscais, e sobre a necessidade de total reposição da verdade sobre a situação tributária, além da reparação do dano, para a concessão de eventual benefício ao contribuinte faltoso.

[10] Deixe-se claro que, ao usar-se a expressão "delinquente fiscal", estamos falando de fraudadores, de sonegadores, e não de contribuintes que, devido a uma crise financeira ou outros motivos semelhantes, simplesmente não dispõem dos recursos financeiros necessários para o pagamento dos tributos.

GRÁFICO 1 – número de processos criminais federais relativos aos crimes dos arts. 1º e 2º da Lei nº 8.137/90.

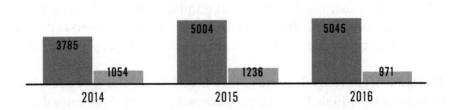

JUSTIÇA FEDERAL (Brasil) - 1º e 2º Graus
Arts. 1º e 2º da Lei 8.137/90

**Fonte:** Elaborado por Rodrigo Luís Ziembowicz, com base nos dados referentes a processos criminais obtidos junto ao Conselho Nacional de Justiça e nos bancos de dados disponibilizados pelo Departamento de Pesquisas Judiciárias (DPJ-CNJ), compilados pela Associação Brasileira de Jurimetria.

GRÁFICO 2 – número de processos criminais federais relativos aos crimes dos arts. 168-A e 337-A do Código Penal (Decreto-Lei nº 2.848/40).

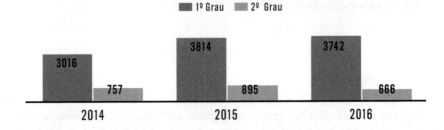

JUSTIÇA FEDERAL (Brasil) - 1º e 2º Graus
Arts. 168-A e 337-A do Código Penal

**Fonte:** Elaborado por Rodrigo Luís Ziembowicz, com base nos dados referentes a processos criminais obtidos junto ao Conselho Nacional de Justiça e nos bancos de dados disponibilizados pelo Departamento de Pesquisas Judiciárias (DPJ-CNJ), compilados pela Associação Brasileira de Jurimetria.

No mesmo sentido, é importante verificar os dados históricos recentes sobre o número de inquéritos policiais federais instaurados para investigar esses crimes, ressaltando que o número de inquéritos é inferior ao número de processos criminais federais. Este fato ocorre por que a Polícia Federal somente investiga esses crimes (tributários federais) quando houver dúvidas quanto à materialidade e/ou autoria do delito, ou então quando houver outros fatores que ensejem a participação da Polícia Judiciária da União,[11] como a repercussão interestadual ou internacional que exija repressão uniforme, a necessidade de aprofundamento das investigações, por haver indícios de participação de uma organização criminosa na prática dos crimes, etc. Em outros crimes tributários (federais) de menor complexidade, a representação fiscal para fins penais,[12] encaminhada ao Ministério Público Federal (pela Secretaria de Receita Federal), é suficiente para a apresentação de denúncia pelo órgão de acusação perante o Poder Judiciário.

---

[11] A Constituição brasileira prevê, quanto à Polícia Federal: "[...] Art. 144. A segurança pública, dever do Estado, direito e responsabilidade de todos, é exercida para a preservação da ordem pública e da incolumidade das pessoas e do patrimônio, através dos seguintes órgãos: I - polícia federal; [...] § 1º A polícia federal, instituída por lei como órgão permanente, organizado e mantido pela União e estruturado em carreira, destina-se a: I - apurar infrações penais contra a ordem política e social ou em detrimento de bens, serviços e interesses da União ou de suas entidades autárquicas e empresas públicas, assim como outras infrações cuja prática tenha repercussão interestadual ou internacional e exija repressão uniforme, segundo se dispuser em lei; II - prevenir e reprimir o tráfico ilícito de entorpecentes e drogas afins, o contrabando e o descaminho, sem prejuízo da ação fazendária e de outros órgãos públicos nas respectivas áreas de competência; III - exercer as funções de polícia marítima, aeroportuária e de fronteiras; IV - exercer, com exclusividade, as funções de polícia judiciária da União."

[12] A Lei nº 9.430/96 prevê: "[...] Art. 83. A representação fiscal para fins penais relativa aos crimes contra a ordem tributária previstos nos arts. 1º e 2º da Lei nº 8.137, de 27 de dezembro de 1990, e aos crimes contra a Previdência Social, previstos nos arts. 168-A e 337-A do Decreto-Lei no 2.848, de 7 de dezembro de 1940 (Código Penal), será encaminhada ao Ministério Público depois de proferida a decisão final, na esfera administrativa, sobre a exigência fiscal do crédito tributário correspondente. [...]"

GRÁFICO 3 – número de inquéritos policiais federais, relativos aos crimes dos arts. 1º e 2º da Lei nº 8.137/90, instaurados anualmente pela Polícia Federal.

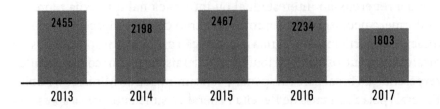

**Fonte:** Elaborado por Rodrigo Luís Ziembowicz, com base nos dados referentes a inquéritos policiais federais instaurados anualmente pela Polícia Federal brasileira, obtidos junto à Corregedoria-Geral da Polícia Federal, em 05.07.2018 (NUP e-SIC DPF 08850003113201803).

GRÁFICO 4 – número de inquéritos policiais federais instaurados anualmente pela Polícia Federal, relativos aos crimes dos arts. 168-A e 337-A do Código Penal.

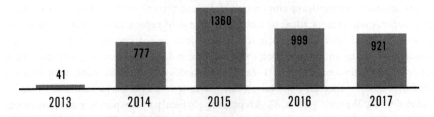

**Fonte:** Elaborado por Rodrigo Luís Ziembowicz, com base nos dados referentes a inquéritos policiais federais instaurados anualmente pela Polícia Federal brasileira, obtidos junto à Corregedoria-Geral da Polícia Federal, em 05.07.2018 (NUP e-SIC DPF 08850003113201803).

É importante repetir que os números apresentados nessas figuras se referem somente aos inquéritos e ações judiciais criminais na esfera federal brasileira, ou seja, milhares de outros inquéritos e ações judiciais criminais são conduzidas nos vinte e seis Estados e no Distrito Federal do Brasil, por crimes tributários praticados em detrimento do erário público (como bem jurídico protegido imediato) de um Estado e/ou Município. Quanto aos bens jurídicos mediatamente protegidos pelos tipos penais sob estudo, estes serão tratados no capítulo quarto.

Neste sentido, percebe-se que milhares de inquéritos policiais federais e um número ainda maior de processos judiciais criminais federais, em primeira e segunda instâncias, são iniciados anualmente, representando uma enorme alocação de recursos humanos, materiais e financeiros para seu adequado processamento.

Entretanto, vejamos o número ínfimo de pessoas cumprindo pena por condutas previstas nos delitos tributários sob pesquisa, por exemplo, no Estado de São Paulo, que é a Unidade da Federação que possui a maior arrecadação de tributos federais do Brasil (41,06%), representando 21,71 % da população brasileira:[13] [14]

---

[13] Conforme o relatório anual da Secretaria de Receita Federal, durante o ano de 2017, foram arrecadados R$ 1.342.407.672.349,62 no Brasil em tributos federais, e no Estado de São Paulo foram arrecadados R$ 551.240.959.040,48, equivalendo a 41,06 % da arrecadação federal. O Estado de São Paulo possui também a maior população, de 45.094.866 de habitantes, correspondendo a 21,71 % da população brasileira, de um total de 207.660.929 habitantes, no ano de 2017, segundo dados do IBGE (2017).

[14] É importante destacar que os autores de crimes tributários, tanto aqueles julgados pela Justiça Federal quanto aqueles julgados pela Justiça Estadual, salvo raríssimas exceções, cumprem pena nos sistemas penitenciários estaduais, denotando a pertinência da análise dos dados referentes ao sistema prisional estadual, apesar dos dados referentes a inquéritos e ações judiciais criminais analisadas tratarem somente de crimes federais. De fato, o Departamento Penitenciário Nacional (DEPEN), de nível federal, tem por missão, em síntese, o isolamento e a custódia de líderes de organizações criminosas e presos de alta periculosidade, que possam comprometer a ordem e segurança pública. Assim, os autores dos crimes tributários sob estudo, em face das características dos delitos (normalmente praticados sem violência ou grave ameaça), muito dificilmente são encarcerados nas penitenciárias geridas pelo DEPEN e, portanto, são mantidos em instituições prisionais dos Estados.

**Fonte:** Elaborado por Rodrigo Luís Ziembowicz, com base nos dados apresentados pela Secretaria Estadual da Administração Penitenciária do Estado de São Paulo, em 20.06.2018 (e-SIC SP 42891189862).

Efetivamente, em virtude dos diversos aspectos que serão analisados no decorrer desta pesquisa, os dados históricos recentes que estão sendo introduzidos serão importantes elementos de referência para a análise dos reflexos do instituto da extinção da punibilidade pelo pagamento do débito tributário na esfera federal.

Desse modo, estabelecidas as origens do instituto da extinção da punibilidade pelo pagamento do débito tributário, na Áustria e na Alemanha, bem como sua introdução e suas sucessivas mudanças na legislação brasileira, além dos dados históricos recentes sobre o número de investigações e processos judiciais federais relativos aos crimes sob pesquisa, será realizada uma análise relativa ao atual entendimento jurisprudencial brasileiro sobre a extinção da punibilidade pelo pagamento da dívida fiscal.

## 2.3 Do Tratamento Dispensado Atualmente pelo Instituto da Extinção da Punibilidade aos Delitos Fiscais na Jurisprudência Brasileira

A extinção da punibilidade dos crimes contra a ordem tributária sob análise neste estudo (arts. 1º e 2º da Lei nº 8.137/90) e contra a Previdência Social (arts. 168-A e 337-A do Código Penal), nos termos da Lei nº 12.382/2011, é concedida quando a pessoa física ou a pessoa jurídica relacionada com o agente efetuar o pagamento integral dos débitos oriundos de tributos, inclusive acessórios, que tiverem sido objeto de concessão de parcelamento formalizado antes do recebimento da denúncia. Extingue-se a punibilidade, ainda, com o pagamento integral direto realizado antes do trânsito em julgado da condenação criminal, uma vez que a Lei nº 12.382/2011 reestabeleceu como marco para reconhecimento da liberação da pena o recebimento da denúncia, mas o fez amparado em artigo de lei revogado e, portanto, inaplicável.

Entretanto, conforme ver-se-á adiante, já há decisões judiciais da Segunda Turma do Supremo Tribunal Federal e também do Superior Tribunal de Justiça[15] no sentido de que o pagamento direto do débito tributário pode ser realizado a qualquer momento, mesmo após o trânsito em julgado da condenação criminal, resultando na extinção da punibilidade dos delitos fiscais.

Quanto ao tema, trazem-se à baila algumas decisões do Supremo Tribunal Federal brasileiro sobre o tema. Inicialmente, destaca-se o julgamento do plenário do STF nos Embargos de Declaração da Ação Penal n° 516/DF, em 2013, em que a quitação direta do débito fiscal pelo acusado ocorreu depois do julgamento definitivo presencial pela Corte Suprema, mas antes da publicação do acórdão.

O relator, Ministro Ayres Britto, manifestou o entendimento de que a extinção da punibilidade pode ocorrer a qualquer momento antes do trânsito em julgado da condenação, não reconhecendo a extinção pelo pagamento superveniente, porque a pretensão punitiva teria sido exercida em definitivo.[16]

---

[15] A respeito, quanto ao STJ, devem-se citar o Habeas Corpus n. 362478/SP, Relator Min. Jorge Mussi, Quinta Turma, julgado em 14.09.2017, publicado no DJe de 20.09.2017, e o Habeas Corpus HC 180.993/SP, Relator Min. Jorge Mussi, Quinta Turma, julgado em 13.12.2011, publicado no DJe 19/12/2011.

[16] Por ocasião do seu voto, o Min. Ayres Britto asseverou, em suma: "34. Nesse fluxo de intelecção da matéria, entendo que, por mais relevantes que possam ser as razões de política criminal (vinculadas a instrumentos de arrecadação fiscal) que levaram à criação da causa de extinção da punibilidade em questão, *não tem ela o alcance de rescindir condenação criminal definitiva*, ainda mais quando tal condenação seja originária da mais alta Corte do País, sob pena de temerário desprestígio à Jurisdição Criminal do Estado. O que me leva a concluir que, *uma vez exercida em definitivo a pretensão punitiva estatal, fica inviabilizada a eficácia jurídico-penal do pagamento integral do débito tributário no caso concreto, para efeito de extinção da punibilidade*. [...] 36. Ante o exposto,

Nesse julgamento, o Min. Luiz Fux[17] expôs voto divergente, vencendo por maioria (por seis votos a cinco) a interpretação de que o art. 69 da Lei nº 11.941/09, que não estabelece limite temporal para o pagamento (que leva à extinção da punibilidade) era o aplicável ao caso sob análise, em que os fatos haviam ocorrido de 1995 a 2002, ou seja, antes da edição da citada lei, e também por concederem maior benefício ao acusado (*lex mitior*). Os ministros aprovaram ainda, por maioria, o entendimento de que o pagamento poderia ser feito até o trânsito em julgado da condenação penal, e que este se dá mediante a publicação da decisão judicial, sendo que o acusado tinha feito o pagamento direto e integral da dívida tributária antes do *decisum* ser publicado.

Em seu voto, o Min. Dias Toffoli acrescentou que o art. 9°, § 2°, da Lei nº 10.684/03, que estabelece a extinção da punibilidade a qualquer tempo para quem fizer o pagamento direto, não foi revogado pela Lei nº 11.941/09, a qual trata do parcelamento da dívida fiscal, sendo acompanhado Ministro Gilmar Mendes. Nesse rumo, anotou também que a Lei nº 12.382/2011 estabeleceu como marco temporal para o pagamento direto do débito fiscal o recebimento da denúncia, mas referiu-se ao art. 34 da Lei n° 9.249/95, já revogada anteriormente pela Lei n° 10.684/03.[18] Assim, sustentou que

---

rejeito os presentes embargos e indefiro o pedido de declaração da extinção da punibilidade pelo superveniente pagamento do débito tributário." (STF, 2013, p. 27. Grifou-se)

[17] No primeiro voto divergente, o Min. Luiz Fux anotou, como principal argumento: "Na disposição legal que serve de fundamento à pretensão do embargante (artigo 69 da Lei nº 11.941/2009) não há qualquer restrição quanto ao momento ideal para o devedor efetuar o pagamento. Não cabe ao intérprete, por isso, impor restrições ao exercício do direito postulado, cumprindo a esta Corte observar o disposto no artigo 61, caput, do Código de Processo Penal: "Em qualquer fase do processo, o juiz, se reconhecer extinta a punibilidade, deverá declará-lo de ofício." (STF, 2013, p. 55)

[18] Em seu voto, o Min. Dias Toffoli sustentou também o entendimento de que o *pagamento direto* do débito fiscal continua sendo regrado pelo § 2° do art. 9° da Lei nº 10.684/03, ou seja, cabe o pagamento a qualquer tempo para isentar de pena criminal: "[...] Daí a opção política do legislador, desde longa data, por privilegiar a arrecadação estatal, utilizando-se da coação penal como um meio para obter a satisfação integral do débito tributário – evidentemente que junto àqueles que, embora possuindo recursos financeiros para tanto, se furtem ao recolhimento dos impostos e contribuições devidos. Em vez da efetiva execução de penas privativas de liberdade contra o sonegador, com todos os custos sociais daí decorrentes, *privilegiou-se a política arrecadatória, com a possibilidade de extinção da punibilidade do agente, desde que satisfeita integralmente a obrigação* (entendida como incluindo os acréscimos pecuniários decorrentes

o marco temporal limitador para o reconhecimento da extinção da punibilidade, referente ao recebimento da denúncia, é inaplicável, ou seja, o pagamento do débito que concede a extinção da punibilidade pode ser realizado a qualquer tempo.

Destaca-se que o informativo n° 731 do STF, face à importância dessa decisão do plenário da Corte Suprema, publicou uma síntese dos principais argumentos discutidos e que fundamentaram os votos dos ministros.[19]

da mora, os quais, precisamente, o legislador fixou de modo mais rigoroso e severo). [...] Penso, contudo, que melhor teleologia da norma se dê com o entendimento de que o art. 69 da Lei nº 11.941/09, efetivamente, não revogou o § 2º do art. 9º da Lei nº 10.684/03, visto que cuidou de situação distinta, o que não resulta, portanto, em revogação da lei primitiva pela posterior, fazendo-se imperioso que, nesse particular, houvesse revogação expressa por parte do legislador, o que não se verificou na espécie. O legislador originário não tendo revogado expressamente o disposto no § 2º do art. 9º da Lei 10.684/03, manteve intacta, nesse particular, a regra mais ampla, condicionando a extinção da punibilidade apenas ao pagamento integral dos débitos oriundos de tributos e contribuições sociais *até momento anterior ao trânsito em julgado*. [...] Contudo, verifica-se que o art. 34 da Lei nº 9.249/95 já havia sido revogado pelo § 2º do art. 9º da Lei nº 10.684/03, o qual, por sua vez, penso, igualmente, não ter sido revogado pela Lei nº 12.382/11. *É aqui necessário fazer a devida distinção entre o pagamento direto (estabelecido na Lei nº 10.684/03) e aquele resultante de parcelamento (disciplinado pela novel Lei nº 12.382/11)*. Dessa forma, no meu entendimento, o sistema segue sendo disciplinado, de modo geral, quanto à extinção da punibilidade pelo pagamento, consoante o disposto no art. 9º, § 2º, da Lei nº 10.684/03, com a possibilidade de o pagamento se dar a qualquer tempo, qualquer que haja sido a modalidade de pagamento. Na *hipótese de parcelamento*, conforme previsto na Lei nº 12.382/11, se dá a suspensão da pretensão punitiva do Estado, com relação aos crimes tributários, pelo período em que a pessoa física ou a pessoa jurídica relacionada com o agente dos aludidos crimes estiver incluída no regime de *parcelamento*, com a ressalva de que o pedido de parcelamento deverá ter sido formalizado *antes do recebimento da denúncia no procedimento penal*. [...] Por essas razões, no meu entendimento, o *pagamento integral empreendido pelo réu*, em momento anterior ao trânsito em julgado da condenação que lhe foi imposta (ressalto que, no meu entender, isso possa ocorrer até mesmo em fase posterior, no curso de sua execução), é causa de extinção de sua punibilidade, conforme opção político-criminal do legislador pátrio, razão pela qual acolho os embargos opostos, de modo que se deve declarar extinta a punibilidade do agente pelo delito que lhe é imputado nos autos. (STF, 2013, p. 83-92. Grifou-se).

[19] "Em conclusão de julgamento, o Plenário do STF, por maioria, acolheu embargos de declaração e declarou extinta a punibilidade de parlamentar apenado pela prática dos crimes de apropriação indébita previdenciária e de sonegação de contribuição previdenciária (CP, art. 168-A, § 1º, I, e art. 337-A, III, c/c o art. 71, caput, e art. 69). [...] Preponderou o voto do Min. Luiz Fux, que deu provimento aos embargos. No tocante à assertiva de extinção da punibilidade pelo pagamento do débito tributário, realizado após o julgamento, mas antes da

A decisão da Suprema Corte brasileira, portanto, nos Embargos de Declaração da Ação Penal n° 516/DF, julgada em 2013, foi no sentido de conceder a extinção da punibilidade pelo pagamento do débito tributário quando o acusado: 1. efetuou o pagamento direto antes do trânsito em julgado da condenação criminal; ou 2. realizou o pagamento integral do parcelamento do débito fiscal formalizado antes do recebimento da denúncia.

Após, na Ação Penal n° 613/TO, em sessão plenária realizada em 2014, o STF novamente exarou decisão relativa ao tema, desta feita concedendo a extinção da punibilidade nos delitos tributários apesar do débito fiscal ter sido incluído no programa de parcelamento após a denúncia criminal, mas antes do trânsito em julgado da decisão penal de condenação, sendo que as parcelas haviam sido totalmente pagas. Perceba-se que o STF não mais exigiu, assim, que o parcelamento tivesse sido formalizado antes do

publicação do acórdão condenatório, reportou-se ao art. 69 da Lei 11.941/2009 ("Extingue-se a punibilidade dos crimes referidos no art. 68 quando a pessoa jurídica relacionada com o agente efetuar o pagamento integral dos débitos oriundos de tributos e contribuições sociais, inclusive acessórios, que tiverem sido objeto de concessão de parcelamento"). Sublinhou que eventual inconstitucionalidade do preceito estaria pendente de exame pela Corte, nos autos da ADI 4273/DF. Entretanto, haja vista que a eficácia do dispositivo não estaria suspensa, entendeu que o pagamento do tributo, a qualquer tempo, extinguiria a punibilidade do crime tributário, a teor do que já decidido pelo STF (HC 81929/RJ, DJU de 27.2.2004). Asseverou que, na aludida disposição legal, não haveria qualquer restrição quanto ao momento ideal para realização do pagamento. Não caberia ao intérprete, por isso, impor restrições ao exercício do direito postulado. Incidiria, dessa maneira, o art. 61, caput, do CPP ("Em qualquer fase do processo, o juiz, se reconhecer extinta a punibilidade, deverá declará-lo de ofício"). Observou, ainda, que a repressão penal nos crimes contra a ordem tributária seria forma reforçada de execução fiscal. Na sequência, o Min. Dias Toffoli ressaltou que a lei privilegiaria o recebimento do valor devido pelo contribuinte, em detrimento da imposição de pena corporal. Alertou que a Corte não poderia agir de modo a restringir a aplicabilidade de norma despenalizadora - a condicionar o pagamento a determinado marco temporal -, sob pena de extrapolar sua atribuição constitucional. Ressalvou entendimento de que o pagamento integral promovido mesmo após o trânsito em julgado da condenação implicaria a extinção da punibilidade. O Ministro Marco Aurélio subscreveu a orientação segundo a qual o direito penal funcionaria como método coercitivo ao recolhimento de tributos. Ademais, se o título condenatório ainda não ostentaria irrecorribilidade e o débito estaria satisfeito, a punibilidade estaria extinta. O Min. Celso de Mello enfatizou que a circunstância de ordem temporal da sucessão de leis penais no tempo revelar-se-ia apta a conferir aplicabilidade, no caso, às disposições contidas no § 2º do art. 9º da Lei 10.684/2003. (STF. Plenário. AP 516 ED/DF, rel. orig. Min. Ayres Britto, red. p. o acórdão Min. Luiz Fux, 5.12.2013).

recebimento da denúncia. Entretanto, deve ser comentado que, apesar de ter sido decisão exarada em sessão plenária da Suprema Corte, somente sete dos onze ministros participaram do julgamento. Os fatos geradores sob julgamento haviam ocorrido no ano de 2007.[20]

Posteriormente, no julgamento do Recurso Ordinário em *Habeas Corpus* n° 128.245/SP, em agosto de 2016,[21] a Segunda Turma do STF, composta por cinco ministros (e não o plenário, composto pelos onze ministros do STF), inovou e decidiu que o pagamento direto da dívida fiscal, mesmo realizado depois do trânsito em julgado da decisão criminal condenatória, conduz à extinção da punibilidade do acusado. Entretanto, repita-se, não foi este o entendimento do STF em sessões plenárias em momento anterior, quando foi exigido o pagamento integral do débito tributário antes do trânsito em julgado da condenação penal para que fosse concedida a extinção da punibilidade.

Quanto ao tema, cabe reproduzir também as manifestações do Superior Tribunal de Justiça sobre o tema, especialmente a edição n° 90 do informativo "Jurisprudência em Teses", de outubro de 2017, reunindo pesquisa

---

[20] "QUESTÃO DE ORDEM NA AÇÃO PENAL. CONSTITUCIONAL. [...] PARCELAMENTO E PAGAMENTO DO DÉBITO ANTES DO TRÂNSITO EM JULGADO DA SENTENÇA PENAL CONDENATÓRIA: EXTINÇÃO DA PUNIBILIDADE. PRECEDENTES. 1. A jurisprudência deste Supremo Tribunal é firme no sentido da possibilidade de suspensão da pretensão punitiva e de extinção da punibilidade nos crimes de apropriação indébita previdenciária, admitindo a primeira se a inclusão do débito tributário em programa de parcelamento ocorrer em momento anterior ao trânsito em julgado da sentença penal condenatória e a segunda quando o débito previdenciário for incluído - e pago - no programa de parcelamento ordinário de débitos tributários. Precedentes. 2. Questão de ordem resolvida no sentido de declarar extinta a punibilidade do réu em relação ao crime de apropriação indébita previdenciária, pela comprovação da quitação dos débitos discutidos no presente processo-crime, nos termos das Leis ns. 10.684/03 e 11.941/09." (STF, 2014).

[21] "Recurso ordinário em habeas corpus. Apropriação indébita previdenciária (art. 168-A, § 1º, I, CP). Condenação. Trânsito em julgado. Pagamento do débito tributário. Extinção da punibilidade do agente. Admissibilidade. Inteligência do art. 9º, § 2º, da Lei nº 10.684/03. Precedentes. [...] 1. Tratando-se de apropriação indébita previdenciária (art. 168-A, § 1º, I, CP), o pagamento integral do débito tributário, ainda que após o trânsito em julgado da condenação, é causa de extinção da punibilidade do agente, nos termos do art. 9º, § 2º, da Lei nº 10.684/03. [...] 4. De toda sorte, afastado o óbice referente ao momento do pagamento, cumprirá ao juízo das execuções criminais declarar extinta a punibilidade do agente, caso demonstrada a quitação do débito, por certidão ou ofício do INSS. 5. Recurso parcialmente provido." (STF, 2016).

sobre as decisões daquela Corte Superiora sobre os crimes tributários. As principais teses publicadas foram:

[...] 4) Os delitos tipificados no art. 1º, I a IV, da Lei n. 8.137/90 são materiais, dependendo, para a sua consumação, da efetiva ocorrência do resultado.

5) A constituição regular e definitiva do crédito tributário é suficiente à tipificação das condutas previstas no art. 1º, I a IV, da Lei n. 8.137/90, conforme a súmula vinculante n. 24/STF.

[...] 7) O tipo penal do art. 1º da Lei n. 8.137/90 prescinde de dolo específico, sendo suficiente a presença do dolo genérico para sua caracterização.

[...] 9) A constituição regular e definitiva do crédito tributário é suficiente à tipificação das condutas previstas no art. 1º, I a IV, da Lei n. 8.137/90, de forma que o eventual reconhecimento da prescrição tributária não afeta a persecução penal, diante da independência entre as esferas administrativo-tributária e penal.

[...] 12) O parcelamento integral dos débitos tributários decorrentes dos crimes previstos na Lei n. 8.137/90, em data posterior à sentença condenatória, mas antes do seu trânsito em julgado, suspende a pretensão punitiva estatal até o integral pagamento da dívida (art. 9º da Lei n. 10.684/03 e art. 68 da Lei n. 11.941/09).

13) A pendência de ação judicial ou de requerimento administrativo em que se discuta eventual direito de compensação de créditos fiscais com débitos tributários decorrentes da prática de crimes tipificados na Lei n. 8.137/90 não tem o condão, por si só, de suspender o curso da ação penal, dada a independência das esferas cível, administrativo-tributária e criminal.

Assim, verifica-se que na mais recente decisão sobre o tema, a Corte Máxima brasileira, reunida em sessão plenária, reconheceu a extinção da punibilidade pelo pagamento quando o acusado: 1. efetuou o pagamento direto antes do trânsito em julgado da condenação criminal; ou 2. realizou o pagamento integral do parcelamento do débito fiscal antes do trânsito em julgado da condenação criminal.[22]

Fixados esses parâmetros pela legislação e pela jurisprudência, quanto à

---

[22] Comente-se, novamente, que há decisões da Segunda Turma do STF, composta por cinco dos onze ministros da Corte Máxima, e também decisões do STJ, no sentido de que mesmo o pagamento do débito tributário realizado após o trânsito em julgado da condenação penal, durante a fase de execução da pena privativa de liberdade, também resulta na extinção da punibilidade.

concessão de isenção da pena mediante pagamento do débito tributário no Brasil, muito embora algumas decisões destoantes tenham surgido, deve-se verificar a aplicação deste instituto em outros países de raízes jurídicas de origem romano-germânicas, visto que também o adotam em seus respectivos ordenamentos jurídicos.

## 2.4 Da Extinção da Punibilidade pelo Pagamento nos Crimes Tributários na Alemanha, na Itália e na Espanha

Em se tratando da extinção da punibilidade pelo pagamento do débito tributário, o sistema de extinção de punibilidade empregado na Alemanha (§ 371 da Abgabenordnung - ou autodenúncia liberadora de pena) é muito mais acertado, como pondera Sánchez Ríos (2003. p. 143). O autor afirma que o sistema germânico mantém seu caráter penal (baseado nos institutos da desistência e da reparação), excluindo desta benesse as retificações e as reparações de dano efetuadas após o início do procedimento administrativo ou da ação judicial criminal (o que ocorrer antes), pois nestes casos as condutas são consideradas involuntárias, deixando de atender à finalidade precípua do sistema penal e resultando apenas na diminuição da pena.[23]

Na Alemanha, os crimes fiscais não constam no seu respectivo Código Penal, mas sim no Código Tributário germânico (*Abgabenordnung*). Apesar de uma recente pequena modificação no instituto da extinção da punibilidade, o texto legal previsto no Abgabenordnung (AO), aplicável à defraudação tributária prevista no § 370 da mesma lei, prevê:

"§ 371 Autodenúncia em caso de evasão fiscal. (1) Quem, nas hipóteses do § 370, retificar ou completar dados incompletos perante a autoridade fiscal ou comunicar os dados omitidos, ficará impune quanto a este aspecto; (2) A isenção não ocorrerá quando: 1. Antes da retificação, complemento ou comunicação: a) um servidor da autoridade fiscal

---

[23] Destaque-se que a legislação, a doutrina e a jurisprudência da Alemanha, da Espanha e da Itália preservam a independência entre as esferas administrativo-tributária, judicial cível e judicial criminal, não exigindo a constituição definitiva do crédito tributário (na esfera administrativa) para a promoção da ação penal relativa aos crimes tributários. Em direção oposta, o posicionamento do STF, ao interpretar a legislação brasileira, manifestou-se mediante a edição da Súmula nº 24, exigindo a constituição definitiva do crédito tributário para fins de promoção da ação judicial criminal: "Não se tipifica crime material contra a ordem tributária, previsto no art. 1º, incisos I a IV, da Lei nº 8.137/90, antes do lançamento definitivo do tributo."

houver comparecido para a fiscalização ou para a investigação de um delito fiscal ou uma infração administrativa tributária ou; b) haja sido notificado ao autor ou a seu representante legal do início do procedimento penal ou de imposição de multas pelo fato ou; 2. Haja sido descoberto o fato no momento da retificação, complemento ou comunicação, no todo ou em parte, e o autor o sabia ou deveria supor sua existência em uma apreciação razoável da situação de fato; (3) Se as reduções fiscais já se houverem produzido ou se já houverem sido obtidas as vantagens fiscais, somente terá lugar a impunidade de um participante no fato quando pague os impostos sonegados em seu favor dentro do prazo fixado para ele; (4) Se a denúncia prevista no § 153 for prestada oportuna e devidamente, não se perseguirá penalmente o terceiro que haja omitido a apresentação das declarações indicadas no § 153 ou as haja apresentado de forma inexata ou incompleta, salvo se ele ou seu representante houvesse sido notificado anteriormente do início de um procedimento penal ou de imposição de multas pelo fato. Se o terceiro houver agido para seu próprio benefício, será aplicado o número 3." (SÁNCHEZ RÍOS, 2003, p. 139).

O sistema germânico serviu de inspiração para a Espanha, que o adotou no art. 305.4 do Código Penal espanhol (Ley Orgánica 10/1995), designando a extinção da punibilidade pelo pagamento do débito fiscal como causa de *levantamiento* ou de *anulación* de pena.

Quanto ao tema sob análise, o Código Penal da Espanha prevê, no art. 305, 4:

*Se considerará regularizada la situación tributaria cuando se haya procedido por el obligado tributario al completo reconocimiento y pago de la deuda tributaria, antes de que por la Administración Tributaria se le haya notificado el inicio de actuaciones de comprobación o investigación tendentes a la determinación de las deudas tributarias objeto de la regularización o, en el caso de que tales actuaciones no se hubieran producido, antes de que el Ministerio Fiscal, el Abogado del Estado o el representante procesal de la Administración autonómica, foral o local de que se trate, interponga querella o denuncia contra aquél dirigida, o antes de que el Ministerio Fiscal o el Juez de Instrucción realicen actuaciones que le permitan tener conocimiento formal de la iniciación de diligencias. Asimismo, los efectos de la regularización prevista en el párrafo anterior resultarán aplicables cuando se satisfagan deudas tributarias una vez prescrito el derecho de la Administración a su determinación en vía administrativa. La regularización por el obligado tributario de su situación tributaria impedirá que se le persiga por las posibles irregularidades contables u otras falsedades instrumentales que, exclusivamente en relación a la deuda tributaria objeto de regularización, el mismo pudiera haber cometido con carácter previo a la regularización de su situación tributaria.*

No mesmo sentido, recentemente a Itália também criou este instituto de isenção da pena (Decreto Legislativo 74/2000, art. 13, modificado pelo D.LGS. 158/2015), passando a prever a *estinzione di reati tributari*.

Na Itália, o Decreto Legislativo nº 74/2000 está assim redigido, em seu art. 13:

> *Causa di non punibilità. Pagamento del debito tributario. 1. I reati di cui agli articoli 10-bis, 10-ter e 10-quater, comma 1, non sono punibili se, prima della dichiarazione di apertura del dibattimento di primo grado, i debiti tributari, comprese sanzioni amministrative e interessi, sono stati estinti mediante integrale pagamento degli importi dovuti, anche a seguito delle speciali procedure conciliative e di adesione all'accertamento previste dalle norme tributarie, nonché del ravvedimento operoso. 2. I reati di cui agli articoli 4 e 5 non sono punibili se i debiti tributari, comprese sanzioni e interessi, sono stati estinti mediante integrale pagamento degli importi dovuti, a seguito del ravvedimento operoso o della presentazione della dichiarazione omessa entro il termine di presentazione della dichiarazione relativa al periodo d'imposta successivo, sempre ché il ravvedimento o la presentazione siano intervenuti prima che l'autore del reato abbia avuto formale conoscenza di accessi, ispezioni, verifiche o dell'inizio di qualunque attività di accertamento amministrativo o di procedimenti penali. 3. Qualora, prima della dichiarazione di apertura del dibattimento di primo grado, il debito tributario sia in fase di estinzione mediante rateizzazione, anche ai fini dell'applicabilità dell'articolo 13-bis, è dato un termine di tre mesi per il pagamento del debito residuo. In tal caso la prescrizione è sospesa. Il Giudice ha facoltà di prorogare tale termine una sola volta per non oltre tre mesi, qualora lo ritenga necessario, ferma restando la sospensione della prescrizione.*

De fato, a Espanha e a Itália adotaram os requisitos e as características da extinção da punibilidade pelo pagamento da dívida tributária estabelecido na Alemanha, incluindo o marco temporal que inibe o reconhecimento da autodenúncia para o fim de conceder a extinção da pena: o início da ação fiscal ou do processo penal (o que ocorrer antes).[24]

Desse modo, atendem aos princípios essenciais da dogmática penal (que estão amparados nos respectivos textos constitucionais), e principalmente ao critério de voluntariedade do infrator que se autodenuncia e regulariza seus registros perante a Administração Fazendária.

---

[24] Repita-se que nesses países europeus, face ao entendimento jurisprudencial e doutrinário de que as instâncias administrativa-tributária, judicial cível e judicial penal são independentes entre si, não se erige a constituição definitiva do crédito tributário (administrativamente) como condição de procedibilidade para a promoção da ação penal.

Efetivamente, as legislações germânica, espanhola e italiana exigem que o sujeito promova a recomposição do dano através da regularização das informações fiscais (autodenúncia compensando o desvalor da conduta) e do pagamento integral do débito, sem concessões ou dilações (compensando o desvalor do resultado), antes do início da ação fiscal ou recebimento da denúncia pelo órgão de acusação, pois a ocorrência de qualquer um desses dois fatos jurídicos impede a posterior concessão da isenção da pena.

Estas legislações europeias visam a manter preservados, em grande parte, os fins de prevenção geral (ou a intimidação dirigida a todos, representada pela aplicação da pena estabelecida se o agente cometer o delito),[25] e de prevenção especial da pena (aplicação da sanção sobre o agente em particular, atemorizando-o para que não volte a delinquir, encarcerando-o se necessário e buscando a sua reeducação).

---

[25] O jurista português Germano Marques da Silva (2018, p. 34-35), ao tratar dos crimes tributários, sustenta que não há dúvidas de "[...] que a função tributária do Estado constitui um bem jurídico digno de tutela penal [...]", para depois acrescentar: "Ainda que a conduta a prevenir seja em si relativamente inócua, a incriminação justifica-se quando exista uma dimensão de perigo para os bens jurídicos em causa, constituída pela possibilidade de que a conduta leve outros a comportar-se do mesmo modo. Também na perspectiva da filosofia moral se pode justificar o pensamento acumulativo; se se verifica que a infração da norma de conduta por um número grande de destinatários lesa o bem jurídico, é inadmissível uma defesa do sujeito no sentido de que a sua contribuição isolada é irrelevante, pois não há qualquer razão para que o ordenamento jurídico deva privilegiar um destinatário da norma frente a todos os demais."

## 3. Dos Direitos e Deveres Fundamentais

Os direitos humanos, como são conhecidos (no ocidente), surgiram como tentativas de limitar o poder do Estado sobre o homem e sua propriedade, fornecendo ao particular o direito de defesa perante o Poder Absolutista do Estado.[26] Caracterizavam-se, essencialmente, como obrigações negativas do Estado em relação aos cidadãos, proibindo a intervenção do poder estatal nas situações delineadas como direitos fundamentais.[27]

Muito embora existam doutrinadores que empreguem as expressões direitos humanos e direitos fundamentais como sinônimos, é importante distingui-los. Efetivamente, os direitos humanos são aqueles que existem por si mesmos, em sua dimensão jusnaturalista-universalista, independentemente de previsão no ordenamento jurídico, e são vigentes a qualquer tempo. Por seu turno, os direitos fundamentais são aqueles previstos na constituição do seu respectivo país, com força vinculativa máxima[28], com

---

[26] Algumas das principais referências da primeira dimensão dos direitos humanos são a *Magna Charta Libertatum* inglesa (1215), o *Habeas Corpus Act* (1679), o *Bill of Rights* do Estado da Virgínia (1776) e a Declaração dos Direitos do Homem e do Cidadão (1789).

[27] Trata-se do status negativo ou *status libertatis*, proposto por Jellinek (apud ROBERT ALEXY, 2011, p. 258), prevendo os direitos fundamentais chamados de primeira geração pela doutrina predominante, embora se acredite que a expressão dimensão possa estabelecer com mais clareza os aspectos desse fenômeno gradativo, mas que sofreu muitos recuos e até mesmo negações ao longo do tempo.

[28] Segundo Canotilho (2003, p. 393), os "direitos humanos são válidos para todos os povos e em todos os tempos", e os direitos fundamentais "são os direitos do homem, jurídico-institucionalmente garantidos e limitados espacio-temporalmente, [...] objectivamente vigentes

a vigência estabelecida pela própria Carta Política.[29]

Quanto aos direitos fundamentais, a doutrina costuma classificá-los em gerações (ou dimensões). Assim, os direitos fundamentais de primeira dimensão são aqueles referentes à liberdade do indivíduo perante o Estado, citados no início deste capítulo.

Nesse viés, cabe ressaltar que os direitos fundamentais de primeira dimensão, referentes à liberdade do indivíduo diante do Estado, bem como o liberalismo burguês (patrimonial) firmado ao final do século XVIII, não permitiram a redução das desigualdades sociais ou da pobreza, tendo apenas ocorrido, em síntese, a transferência do poder da nobreza para a burguesia. Esta situação, somada à veloz industrialização em vários países, aos problemas econômicos e ao crescimento demográfico alarmante nas grandes cidades (com uma grande concentração de trabalhadores em áreas urbanas), significou um aumento considerável da pressão por igualdade sobre os Poderes Públicos (BRANCO e MENDES, 2015, p. 137), forçando a passagem do Estado-mínimo para o Estado intervencionista (FALCÃO, 2013, p. 103).

Desse modo, em face dos movimentos reivindicatórios (principalmente do proletariado) por direitos sociais, culturais e econômicos, foram sendo afirmados aos poucos os direitos fundamentais de segunda dimensão, também chamados de direitos de igualdade (ou de participação no bem-estar social), tendo como referências a Constituição do México (1917), contendo uma longa lista de direitos sociais, e a Constituição Soviética (1918), ambas com a abolição da propriedade privada. Entretanto, destacou-se a Constituição de Weimar (Alemanha – 1919), por representar um acordo político entre a burguesia, os partidos políticos e os sindicatos que surgiram após a acelerada industrialização promovida por Bismarck a partir de 1871, sem romper com o direito à propriedade, mas acrescentando muitos direitos sociais ao texto constitucional.

---

numa ordem jurídica concreta." Dimoulis e Martins (2014, p. 41) asseveram "que são direitos público-subjetivos de pessoas", físicas e jurídicas, previstos na Carta Magna, revelando "caráter normativo supremo dentro do Estado". Branco e Mendes (2015, p. 135) afirmam que direitos fundamentais são aqueles previstos na Constituição Federal, representando os valores mais caros da existência humana, merecendo estarem protegidos mediante norma jurídica com máxima força vinculativa.

[29] Não se deve olvidar que o próprio direito constitucional foi criado e evoluiu juntamente com o gradativo reconhecimento e com a afirmação dos direitos fundamentais.

A partir do reconhecimento desses novos direitos, promover a justiça social (ou oferecer um mínimo de dignidade aos seres humanos) se tornou uma obrigação positiva do Estado, referente ao *status positivo* apresentado por Jellinek (apud ROBERT ALEXY, 2011, p. 263), desta feita obrigando os poderes públicos a agirem para assegurar a fruição desses direitos considerados fundamentais, como assistência social, saúde, educação, trabalho e lazer, uma verdadeira contraprestação a ser assumida pelo Estado em decorrência da sujeição (*status passivo* ou status *subiectionis*) aceita pelos cidadãos para resguardarem os bens que consideram os mais valiosos (fundamentais). Trata-se do surgimento do Estado Social (*Welfare State*).

Nesse ponto, salienta-se que o surgimento do Estado Social[30] teve como consequência natural a criação do Estado Fiscal, pois somente os tributos arrecadados mediante a colaboração dos cidadãos (contribuintes) podiam reunir recursos suficientes para atender à demanda para o atendimento dos novos direitos.[31] Com efeito, raros são os casos em que os Estados não obtêm recursos financeiros através da tributação, quer seja por possuírem riquezas naturais (como o petróleo ou pedras e metais preciosos) em abundância, quer seja por explorarem atividades econômicas (como o turismo) com a utilização de bens e de estruturas de sua propriedade.

Quanto aos direitos fundamentais de terceira geração (ou dimensão), estes são baseados na fraternidade e na solidariedade, visando ao desenvolvimento de Estados e de indivíduos, a paz, a autodeterminação dos povos, o meio ambiente equilibrado ecologicamente, a conservação do patrimônio histórico e cultural da humanidade, e a comunicação.[32]

---

[30] Acrescente-se, ainda, que muito embora estes direitos fundamentais de segunda dimensão (ou sociais) tenham sido previstos em muitos países, somente com o passar dos anos (ou décadas) os cidadãos passaram a ter direito à assistência social, saúde, educação, trabalho e outros, ou seja, direito a prestações pelo Estado. Com efeito, inicialmente eles foram entendidos pelos tribunais como meros programas ou objetivos a serem buscados pelos governantes, tendo pouca ou nenhuma juridicidade (DIMOULIS E MARTINS, 2014, p. 22).

[31] Os direitos de segunda dimensão exigiram longos e organizados movimentos da sociedade para adquirirem alguma efetividade, pois enquanto os direitos fundamentais de primeira dimensão exigem principalmente a abstenção de atos pelo Estado e uma estrutura voltada para administração pública relativa à soberania, os direitos de segunda dimensão significaram um aumento significativo nas despesas dos poderes públicos, chegando a triplicar os custos do Estado (PIKETTY, 2014). Consequentemente, triplicou-se a necessidade de arrecadar valores monetários mediante tributos impostos sobre os cidadãos-contribuintes.

[32] Segundo Bonavides (2004, p. 569-570), os direitos fundamentais de terceira geração têm

Posteriormente, vários juristas passaram a defender a existência de uma quarta dimensão (ou geração) de direitos fundamentais, com especial destaque para Bonavides (2004, p. 570-572) no Brasil, para quem esta dimensão se refere ao direito à democracia (direta), à informação (ou transparência) e ao pluralismo (incluindo direitos das minorias).

Frise-se que este alcance concedido aos direitos fundamentais, no mais alto grau de juridicidade, positividade, concretude e eficácia (BONAVIDES, 2004, p. 596), marca claramente "[...] a passagem do primeiro Estado de Direito – o Estado legal, o Estado da separação de Poderes – ao segundo Estado de Direito – o Estado constitucional, o Estado do novo dogma dos direitos fundamentais [...]."[33]

Destaque-se, ainda, que os direitos fundamentais possuem como caracteres a inalienabilidade, a imprescritibilidade e a irrenunciabilidade,[34] permitindo-se aquilatar o alcance que se deve dar aos direitos e princípios fundamentais em um Estado Democrático e Social de Direito que se quer fazer digno dessa expressão.

Entretanto, não devemos esquecer que o respeito aos limites intransponíveis dos direitos fundamentais deve ser analisado em consonância com os

---

por destinatário o gênero humano, consolidando trezentos anos de gradativa concretização da proteção de direitos fundamentais. Configuram direitos coletivos e difusos, em sua maioria (BRANCO e MENDES, 2015, p. 137). Esta dimensão teve destaque através de Karel Vasak, durante a conferência do Instituto Internacional de Direitos Humanos, em 1979 (Estrasburgo), quando pontuou as três gerações, anotando que os novos direitos firmados se somavam àqueles das gerações anteriores, sem possibilidade de redução. Tratam-se de novos direitos que, por serem de caráter transindividual ou mesmo universal, exigem esforços em escala mundial para sua efetivação (SARLET, 2015, p. 310).

[33] O jurista Bonavides (2004, p. 596) ainda aponta que se trata do "Estado assentado sobre o pedestal de quatro gerações cumulativas de direitos, que culminam com o direito à democracia, apanágio do gênero humano e coroamento daquele axioma de concretização progressiva de liberdade." Por seu turno, Bobbio (2004, p. 21) reforça essa ideia geral, ao reconhecer que a democracia, caminho obrigatório para a busca do ideal da paz perpétua, "[...] não pode avançar sem uma gradativa ampliação do reconhecimento e da proteção dos direitos do homem, acima de cada Estado".

[34] José Afonso da Silva (2011, p. 180-184), além de elencar suas características, classifica-os segundo o texto constitucional, alertando que esses agrupamentos gerais não esgotam o tema e que existem outros direitos implícitos: direitos individuais (art. 5°); direitos coletivos (art. 5°); direitos sociais (art. 6° e art. 193 e seguintes); direitos à nacionalidade (art. 12); direitos políticos (arts. 14 a 17); direitos solidários (arts. 3° e 225). O autor comenta, ainda, que devem ser reconhecidos como direitos fundamentais sociais os direitos econômicos (arts. 170 a 192).

deveres fundamentais dos cidadãos, na condição de corresponsáveis pela proteção e promoção desses mesmos direitos, aí incluída a necessidade de um aporte equânime de todos, de acordo com a capacidade contributiva,[35] para custeio das despesas públicas.

Desse modo, diante da relação entre os direitos e os deveres fundamentais dos indivíduos, relativos a esta solidariedade para o financiamento dos gastos públicos (principalmente através da tributação), em uma sociedade focada quase que unicamente (nas esferas doutrinária e jurisprudencial) na discussão e na proteção dos direitos fundamentais, também serão analisados os deveres fundamentais, entendidos também, em síntese, como instrumentos para dar uma real (e mais ampla) efetividade aos direitos essenciais.

## 3.1 Dos Direitos e Princípios Fundamentais Aplicados ao Instituto da Extinção da Punibilidade pelo Pagamento nos Delitos Fiscais

Após serem reconhecidas as principais características do lento avanço da afirmação dos direitos e princípios fundamentais, inclusive com alguns períodos nos quais ocorreram recuos ou mesmo a negação de efetividade a esses direitos, sopese-se que, com a evolução dos Estados (e principalmente ao se tornarem Estados sociais de direito e democráticos), gradativamente o monopólio do uso da força foi transferido para o Estado, bem como o dever de realizar ações positivas (como prestações de cunho social), resultando numa ampliação (indireta e necessária) do alcance dos direitos fundamentais (ou de suas garantias).

Assim, quando o Estado reivindicou a si este poder (do uso da força) e foi-lhe atribuído o dever de prestar serviços voltados para a promoção de justiça social, por via de consequência, obrigou-se a garantir a proteção de seus cidadãos (individual ou coletivamente considerados) contra as agressões de terceiros, bem como recebeu a obrigação de manter uma estrutura capaz de fornecer as prestações sociais previstas no Diploma Maior.

---

[35] Ricardo Lobo Torres (2005, p. 584) destaca que, com a "[...] reaproximação entre ética e direito procura-se ancorar a capacidade contributiva nas ideias de solidariedade ou fraternidade. A solidariedade entre os cidadãos deve fazer com que a carga tributária recaia sobre os mais ricos, aliviando-se a incidência sobre os mais pobres e dela dispensando os que estão abaixo do nível mínimo de sobrevivência. É um valor moral juridicizável que fundamenta a capacidade contributiva e que sinaliza para a necessidade da correlação entre direitos e deveres fiscais."

Entretanto, enquanto há esta proibição de fornecer proteção deficiente ao indivíduo e à coletividade, as ações a serem promovidas pelo Estado nesta tutela, especialmente ao estabelecer sanções penais, devem atender às limitações impostas não só pelos próprios direitos fundamentais, mas também pelos demais institutos constitucionais e legais, bem como pelos princípios que os regem, com especial ênfase para a isonomia e a proporcionalidade. De fato, deve-se preservar o núcleo essencial dos direitos fundamentais (reiteradamente aventado pelas Cortes Internacionais), de forma que o Estado não venha a cometer excessos sob o pretexto de que almeja fornecer proteção. Assim, um Estado Democrático de Direito deve empregar somente as medidas estritamente necessárias quando tiver que restringir um direito fundamental para garantir a fruição de outro(s).

Nesse vértice, o Direito Fiscal e a sua interligação com outras ciências também progrediu, especialmente depois da Revolução Industrial (e do surgimento do Estado *social*). Como anota Maurin Falcão (2013, p. 105), a "[...] pulverização, ainda que modesta, dos núcleos de concentração de riqueza, foi possível graças aos esforços de redistribuição realizada a partir da efetivação da progressividade [...]."[36]

Nessa direção, Marcos Valadão (2004, p. 20) acrescenta que, além dos direitos fundamentais previstos expressamente no Texto Maior, também os princípios gerais do sistema tributário possuem *status* constitucional, configurando um estatuto do contribuinte, conforme expressão cunhada pelo tributarista francês Louis Trotabas, "[...] pois ali estão contidas as principais garantias do contribuinte contra a vontade tributária do Estado [...]", nos termos dos arts. 145 a 152 da Constituição Federal.

Assim, nesta evolução dos direitos e garantias dos cidadãos, com a busca constante por uma vida em sociedade mais justa, igualitária, incluindo um tratamento fiscal e penal tributário equânime,[37] causa perplexidade o fato

---

[36] Com a progressividade das alíquotas, superou-se a simples regra da proporcionalidade (alíquotas iguais independentemente da base imponível), pois esta se mostrou incompatível com a crescente demanda por uma maior justiça fiscal. Conforme lembra Sacchetto (2005, p. 26): "Foi a mudança de perspectiva - no fim do século XIX - da concepção de tributo como preço dos serviços prestados pelo Estado para o da solidariedade que justificou a passagem do tributo proporcional ao progressivo. A mera proporcionalidade do imposto não parecia mais satisfatória para manter a equidade fiscal, porque ela não conseguia garantir a igualdade de sacrifícios entre os cidadãos."

[37] Tipke e Lang (2008, p. 192), ressaltam algumas decisões da Corte Constitucional Federal

do pagamento do débito a qualquer tempo dar causa à extinção da punibilidade nos crimes fiscais, permitindo-se inferir que esta mesma punibilidade tem origem, na verdade, na ausência de pagamento, nos moldes em que é aplicada no Brasil.

Esta situação contraria de forma cabal os direitos fundamentais gravados na Carta Política, bem como nos tratados e convenções internacionais sobre direitos humanos dos quais o Brasil é parte, pois mantém a nefasta coerção estatal representada pela ameaça de prisão civil por dívida, afastada definitivamente pela Súmula Vinculante nº 25 do Supremo Tribunal Federal: "É ilícita a prisão civil de depositário infiel, qualquer que seja a modalidade do depósito." Assim, com a proposta de súmula tendo sido julgada pelo plenário da Suprema Corte em dezembro de 2009, proibiu-se a única forma de prisão civil que restava em nossa Constituição, além da dívida de alimentos de caráter voluntário e inescusável, a qual permanece em vigor.

Para decidirem, os Ministros da Corte Máxima basearam-se na Constituição Federal, na Convenção Americana sobre Direitos Humanos e no Pacto Internacional sobre Direitos Civis e Políticos.

Com efeito, o art. 7°, n° 7, da Convenção Americana sobre Direitos Humanos - Pacto de San José da Costa Rica, de 1969, promulgado através do Decreto n° 678, de 6 de novembro de 1992, dispõe que: "Ninguém deve ser detido por dívidas. Este princípio não limita os mandados de autoridade judiciária competente expedidos em virtude de inadimplemento de obrigação alimentar."

Na mesma direção aponta o art. 11 do Pacto Internacional sobre Direitos Civis e Políticos, promulgado por meio do Decreto n° 592, de 6 de julho de 1992: "Ninguém poderá ser preso apenas por não poder cumprir com uma obrigação contratual."

Ademais, repita-se que o encarceramento do devedor de alimentos, desde que a dívida seja voluntária e inescusável, é a única forma de prisão civil atualmente aceita pelos tribunais pátrios, em conformidade com as mais recentes decisões das Cortes Internacionais de Direitos Humanos.

---

alemã (*Bundesverfassungsgericht*), em que os seguintes enunciados foram exarados, entre outros: "A regra da igualdade obriga para o Direito Tributário, que os sujeitos passivos sejam por uma lei tributária jurídica e factualmente onerados da mesma maneira. [...] O legislador deve amparar a honestidade fiscal por meio de possibilidades de controle satisfatórias, garantidoras da igualdade de gravames tributários."

No mesmo vértice, o Min. Sepúlveda Pertence, ao comentar a extinção de punibilidade pelo pagamento (parcelado ou não) previsto na Lei nº 11.941/09, asseverou que "[...] a nova lei tornou escancaradamente claro que a repressão penal nos 'crimes contra a ordem tributária' é apenas uma forma reforçada de execução fiscal." (STF, HC nº 81.929/RJ, grifos no original).

Cabe colocar em relevo, inclusive, que o débito fiscal não significa apenas uma dívida civil (de caráter obrigacional), merecendo a guarida penal gravada nos tipos penais tributários, conforme análise que será realizada posteriormente, inclusive quanto ao bem jurídico sob proteção, que ostenta dignidade penal.

Entretanto, a legislação atual e o entendimento da Suprema Corte brasileira admitem que o pagamento do débito tributário a qualquer tempo leve à extinção da punibilidade nos crimes fiscais, mesmo que o criminoso pratique uma conduta prevista na legislação penal (como uma falsidade ou uma fraude), ensejando a dedução lógica de que a punibilidade tem por origem a falta de pagamento, despojando o bem protegido da sua dignidade penal, promovendo uma proteção deficiente deste e restringindo "[...] a questão a mera prisão por dívida." (STOCO, 2016, p. 175).

Nesse caminho, Silveira (1996, p. 138) anotou que "[...] o Direito Penal tutela valores sociais importantes, não devendo, assim, servir a interesses meramente arrecadadores do Estado [...]". Após, acrescentou que o sistema penal deve ser empregado para proteger os direitos relevantíssimos, e que o "[...] interesse único e exclusivo de coagir, de ameaçar, para que se contribua, não se coaduna com os seus primados."

Partindo do princípio de que a política socioeconômica de um Estado Social contemporâneo deveria almejar "[...] primordialmente a garantir a efetiva satisfação de direitos supraindividuais (sic) e assim as mais elementares garantias individuais [...]" do homem, como pondera Amaral (2003, p. 1142), percebe-se que a extinção da punibilidade nos crimes fiscais, tal como atualmente é aplicada, não atende ao mais básico elemento ético de uma sociedade, monetarizando ou comercializando a sanção penal.

Essa liberação da pena, aplicada nesses termos, sobrepõe interesses arrecadatórios (ou outras intenções obscuras) aos bens jurídicos mais caros aos cidadãos, contrariando os direitos fundamentais previstos na Carta Magna, além de outros elementos normativos do direito tributário e penal, em verdadeira contraposição a todo um arcabouço normativo e doutrinário destas searas, os quais foram calcados nos valores mais importantes do nosso Texto Maior.

De fato, há que se harmonizar a necessidade arrecadatória do Estado para prestar adequadamente os serviços públicos e atender aos demais "[...] fins que lhe são assinalados pela Carta Constitucional e pelas leis [...]", como lança Carrazza (2015, p. 478), principalmente em um Estado que se autodeclara Democrático de Direito. Devem-se buscar métodos mais eficientes e eficazes para prevenir e tratar os desvios de conduta de contribuintes e da grande delinquência econômica, através do oferecimento de proteção suficiente ao bem jurídico, ao mesmo tempo em que são respeitados os limites intransponíveis dos direitos do homem.

Neste giro, para que o instituto da extinção da punibilidade pelo pagamento do débito tributário - e consequentemente os tipos penais fiscais - possam ser empregados em nossa legislação de forma legítima, mantendo proteção suficiente aos direitos fundamentais garantidos através da aplicação de recursos públicos (obtidos majoritariamente por meio da exação fiscal), além de manter o compromisso ético com a sociedade e com os valores constitucionais, aparentemente é essencial o retorno da liberação da pena sob estudo à sua fórmula original, estabelecida na Lei nº 4.729/65, em que a extinção da pena somente era concedida quando a autodenúncia e o pagamento do débito tributário eram feitos antes do início da ação fiscal própria ou do recebimento da denúncia penal.

### 3.1.1 Da Isonomia

O direito fundamental de **isonomia** ou **igualdade** (constante no *caput* do artigo 5º da Carta Magna), declara que "todos são iguais perante a lei, sem distinção de qualquer natureza".

Efetivamente, a isonomia deve ser aplicada a todo o ordenamento jurídico vigente, destacando-se que o sistema tributário deve assegurar aos cidadãos o direito fundamental de serem onerados na mesma proporção dos demais indivíduos para o fim de arcarem com os custos do Estado (de acordo com a respectiva capacidade contributiva), da mesma forma que a igualdade deve ser aplicada ao sistema penal, que deve ser um ordenamento único, coerente e aplicado na justa medida.

Efetivamente, lido em consonância com os demais princípios e direitos fundamentais, como leciona Robert Alexy (2011. p. 395), o princípio da isonomia torna "evidente a vinculação do legislador ao enunciado da igualdade [...] não apenas como um dever de igualdade na *aplicação*, mas também na *criação* do direito", acrescentando que não se trata de "[...] uma exigência dirigida ao seu conteúdo, ou seja, não no sentido *formal*, mas de um dever *material* de igualdade."

Ampliando o alcance e o significado deste princípio, Aliomar Baleeiro (2010, p. 863) acrescenta que o seu conteúdo impõe duas missões ao legislador: "[...] o dever de não distinguir e o dever de discriminar, que são ângulos de um único dado. Interpenetram-se e conjugam-se."

Por seu turno, Roque Carrazza (2010, p. 456-9) afirma que o princípio da igualdade é, de todos os princípios constitucionais, o mais importante.[38] Posteriormente, anota que a isonomia "[...] estende seus efeitos sobre todas as normas constitucionais e, *a fortiori*, sobre todas as demais normas jurídicas [...]". Após reproduzir o contido no art. 150, II, da Carta Maior[39], o qual veda a instituição de tratamento desigual entre contribuintes que se encontrem em situação equivalente, ainda reconhece que o princípio da igualdade visa a uma tributação justa e que, "[...] in *contrarium sensum*, é vedado instituir tratamento igual entre contribuintes que se encontrem em situação diversa." [40]

Quanto a este direito fundamental, José Afonso da Silva (2011, p. 211) destaca que o discurso sobre igualdade, que é o signo fundamental da democracia, sempre foi obnubilado pelo discurso sobre a liberdade, pois a burguesia (cônscia dos seus privilégios numa sociedade liberal) sempre

---

[38] Segundo Roque Carrazza (2010, p. 456), repetindo as falas de José Souto Maior Borges no VIII Congresso Brasileiro de Direito Tributário, em setembro de 1994, "[...] a isonomia não está no Texto Constitucional: a isonomia é o próprio Texto Constitucional."

[39] A Constituição Federal prevê: [...] Art. 150. Sem prejuízo de outras garantias asseguradas ao contribuinte, é vedado à União, aos Estados, ao Distrito Federal e aos Municípios: [...] II - instituir tratamento desigual entre contribuintes que se encontrem em situação equivalente, proibida qualquer distinção em razão de ocupação profissional ou função por eles exercida, independentemente da denominação jurídica dos rendimentos, títulos ou direitos; [...]"

[40] Conforme Celso Bandeira de Mello (2001, p. 17), "[...] as discriminações são recebidas como *compatíveis com a cláusula igualitária apenas e tão-somente quando existe um vínculo de correlação lógica* entre a peculiaridade diferencial acolhida por residente no objeto, e a desigualdade de tratamento em função dela conferida, *desde que tal correlação não seja incompatível com interesses prestigiados na Constituição.*" (Itálico no original). Nesse rumo, Pimenta Bueno (1857, p. 424) asseverava há mais de um século: "A lei deve ser uma e a mesma para todos; qualquer especialidade ou prerrogativa que não for fundada só e unicamente em uma razão muito valiosa do bem público será uma injustiça e poderá ser uma tirania."

soube que um regime que almeja a isonomia contraria seus interesses e oferece um sentido material à igualdade "[...] que não se harmoniza com o domínio de classe em que se assenta a democracia liberal burguesa."

Nesse diapasão, à isonomia (ou à igualdade) deve ser dada a relevância que lhe concedem os longos e resilientes movimentos sociais que foram imprescindíveis para seu reconhecimento, bem como a nossa Carta Política.[41]

Entretanto, o princípio da igualdade é de suma importância não somente para que se propicie uma vida digna aos desfavorecidos, ou para uma melhor distribuição de rendas. A igualdade também é essencial para

---

[41] O Diploma Maior possui diversas referências à isonomia desde o seu preâmbulo, expressas ou implícitas: "[...] Nós, representantes do povo brasileiro, reunidos em Assembleia Nacional Constituinte para instituir um Estado Democrático, destinado a assegurar o exercício dos direitos sociais e individuais, a liberdade, a segurança, o bem-estar, o desenvolvimento, a igualdade e a justiça como valores supremos de uma sociedade fraterna, pluralista e sem preconceitos, fundada na harmonia social e comprometida, na ordem interna e internacional, com a solução pacífica das controvérsias, promulgamos, sob a proteção de Deus, a seguinte CONSTITUIÇÃO DA REPÚBLICA FEDERATIVA DO BRASIL.[...] Art. 3º Constituem objetivos fundamentais da República Federativa do Brasil: I - construir uma sociedade livre, justa e solidária; [...] III - erradicar a pobreza e a marginalização e reduzir as desigualdades sociais e regionais; IV - promover o bem de todos, sem preconceitos de origem, raça, sexo, cor, idade e quaisquer outras formas de discriminação. [...] Art. 5º Todos são iguais perante a lei, sem distinção de qualquer natureza, garantindo-se aos brasileiros e aos estrangeiros residentes no País a inviolabilidade do direito à vida, à liberdade, à igualdade, à segurança e à propriedade, nos termos seguintes: I - homens e mulheres são iguais em direitos e obrigações, nos termos desta Constituição; [...] Art. 7° [...] XXX - proibição de diferença de salários, de exercício de funções e de critério de admissão por motivo de sexo, idade, cor ou estado civil; XXXI - proibição de qualquer discriminação no tocante a salário e critérios de admissão do trabalhador portador de deficiência. [...] Art. 170. A ordem econômica, fundada na valorização do trabalho humano e na livre iniciativa, tem por fim assegurar a todos existência digna, conforme os ditames da justiça social, observados os seguintes princípios: [...] VII - redução das desigualdades regionais e sociais; [...] Parágrafo único. É assegurado a todos o livre exercício de qualquer atividade econômica, independentemente de autorização de órgãos públicos, salvo nos casos previstos em lei. [...]Art. 193. A ordem social tem como base o primado do trabalho, e como objetivo o bem-estar e a justiça sociais. [...] Art. 196. A saúde é direito de todos e dever do Estado, garantido mediante políticas sociais e econômicas que visem à redução do risco de doença e de outros agravos e ao acesso universal e igualitário às ações e serviços para sua promoção, proteção e recuperação. [...] Art. 205. A educação, direito de todos e dever do Estado e da família, será promovida e incentivada com a colaboração da sociedade, visando ao pleno desenvolvimento da pessoa, seu preparo para o exercício da cidadania e sua qualificação para o trabalho."

a promoção de um mercado saudável nas suas mais diversas searas, quer seja industrial ou de serviços, quer seja econômica ou financeira, entre outras. Com efeito, a experiência histórica ocidental (ou mesmo mundial) denota que ainda não foi inventado um sistema econômico capaz de produzir tantos bens e serviços quanto o mercado da livre iniciativa, sendo a leal concorrência entre empresas e empresários um dos seus alicerces fundamentais, mas o livre funcionamento dos mais diversos setores da economia é prejudicado ou mesmo obstaculizado por desvios que possibilitam uma vantagem indevida a eventuais infratores (MONTORO FILHO, 2012, p. 91-92).

De fato, a observância das normas vigentes, especialmente as tributárias, trabalhistas e ambientais, geram vultosos custos para empresas que mantêm comportamento ético. De outro vértice, como sustenta Montoro Filho (2012, p. 92-93), o desrespeito impune às normas, através da sonegação fiscal, falsificação e outros desvios de comportamento, gera um profundo desequilíbrio na concorrência, beneficiando os infratores e punindo os empresários honestos. Como sustenta o autor, esses desvios de conduta concorrencial geram profundos e nefastos efeitos sociais e econômicos, os quais suplantam até mesmo os prejuízos suportados pelas empresas afetadas. Alerta o economista que, quando esses desvios de conduta empresarial não são eficientemente combatidos, passa-se a percepção de que o crime compensa.[42]

No mesmo sentido, arremata o autor que esta impunidade atrai os especuladores e outras espécies de oportunistas, sem qualquer compromisso com valores morais ou com o ordenamento jurídico, pois percebem que aumentam seus lucros mediante a sonegação fiscal, o descumprimento da legislação trabalhista e ambiental, além da corrupção de agentes públicos, tornando o mercado inviável para o empresário honesto, que aumenta seus lucros (em grande parte) através de investimentos em tecnologia, em treinamentos da sua força de trabalho, no desenvolvimento de produtos e na busca por eficiência gerencial, como alerta Montoro Filho (2012, p.

---

[42] A jurista portuguesa Inês Moreira Santos (2006, p. 33), ao tratar dos crimes de colarinho branco, também destaca a necessidade de ações preventivas e repressivas do Estado, para prover o mercado com um ambiente propício ao desenvolvimento sadio da livre iniciativa e da livre concorrência: "[...] Os mecanismos de controlo têm de ser mais eficazes e mais céleres, por forma a evitar que continuemos a viver mergulhados num mar de favores e compadrios que se entrelaçam e entorpecem o desenvolvimento em Portugal."

92-93). Em outros dizeres, diminui-se em muito a capacidade produtiva e o potencial de crescimento das empresas honestas, que geram bens e riquezas, empregos e bem-estar, restando somente um mercado composto por especuladores e oportunistas.

Percebe-se, assim, o quanto é importante, para um mercado econômico sadio, não somente estabelecer tributos através de regras justas, simples, transparentes, com eficiência econômica e flexibilidade (ajustáveis às mutantes condições econômicas), como sustenta Joseph Stiglitz (2000, p. 457-458), agraciado com o Prêmio Nobel de Economia em 2001. Efetivamente, também é necessário que o Estado, único ente da sociedade com legitimidade para promover a coerção e a punição dos infratores, cumpra sua tarefa de fazer com que todos respeitem e cumpram as normas, provendo um adequado e bom ambiente de negócios.

Nesse aspecto, não somente é necessário fazer com que todos contribuam para o pagamento dos custos do Estado, inclusive as empresas, como também é importante que se combata o parasitismo representado por aqueles que se utilizam dos mais diversos subterfúgios para evitarem contribuir com sua cota de sacrifício para o bem comum, utilizando as estruturas, os serviços e demais benesses propiciadas pelo Estado sem participar do custeio das despesas geradas por esses mesmos benefícios.[43] Comente-se, nesse rumo, que também é crucial e urgente a necessidade de transparência fiscal internacional e de uma justa tributação das empresas multinacionais.[44]

---

[43] Nesse caminho, é importantíssimo destacar o Projeto (multilateral) BEPS, atualmente com mais de cem países participantes, conduzido pela OCDE (Organização para Cooperação e Desenvolvimento Econômico) e pelo G20 (formado pelas 19 maiores economias do mundo e pela União Europeia). A expressão BEPS (*base erosion and profit shifting – erosão da base tributária e transferência de lucros*) é um termo técnico usado para designar esquemas de planejamento tributário agressivo praticado por empresas multinacionais ou grupos econômicos, que se aproveitam de lacunas normativas e assimetrias dos sistemas tributários nacionais para transferir lucros, artificialmente ou não, a países com tributação baixa ou inexistente, resultando num enorme prejuízo a diversos países (que deixam de arrecadar), prejudicando as empresas domésticas (submetidas aos tributos locais) ao gerar uma concorrência fiscal prejudicial, além de dificultarem o cumprimento voluntário do pagamento do imposto de renda por pessoas jurídicas e físicas, pois essas percebem as corporações multinacionais evitando (legal ou ilegalmente) o pagamento de tributos sobre a renda, etc.

[44] Acerca do tema, Rocha (2017, p. 203-207) assevera que o Projeto BEPS é o acontecimento mais relevante na seara da tributação internacional nos últimos cinquenta anos, conten-

Em importante abordagem sobre o tema, Depeyre destaca a premente necessidade do Estado e da sociedade lutarem (como um todo) contra o parasitismo representado por aqueles que não contribuem para o financiamento do Estado, visando a alcançar não somente aqueles que sonegam tributos, mas principalmente aqueles outros que não pagam tributo algum, por estarem "fora do sistema":

> "A inteligência tributária convida à luta contra todos os parasitismos. Isto significa concretamente que a atenção deve se concentrar sobre todos aqueles que escapam totalmente dos tributos, embora a tendência natural da Administração Pública e do legislador seja de regular sempre aqueles que já estão inscritos no sistema, esquecendo aqueles que estão fora do sistema, muito mais difíceis de alcançar. Ações podem ser tomadas com urgência se considerarmos o custo elevadíssimo das proibições inaplicáveis e a postura econômica agressiva daqueles que estão fora do sistema." (Livre tradução. DEPEYRE, 2016, p. 138).

Prosseguindo, o autor aduz que se trata de uma questão de sobrevivência e que é preciso ousar e mudar normas e pensamentos para que ninguém escape à justa tributação, como ocorre com: empresas que praticam a sonegação de forma contumaz ou usam indevidamente paraísos fiscais; empresas que fornecem serviços através da rede mundial de computadores e que não são tributadas; infratores que utilizam artimanhas para escapar da tributação sobre direitos sucessórios ou sobre grandes fortunas; falta de tributação de estrangeiros que utilizam as estruturas e serviços públicos de outro país habitualmente, bem como nacionais que vivem no exterior (formalmente), mas habitam (de fato) e utilizam todos os benefícios públi-

do quinze ações (objetivos) principais. Entre as principais ações, cabe citar a promoção da transparência tributária internacional, o combate à concorrência fiscal prejudicial, o desenvolvimento e a utilização de métodos eficientes para fiscalizar e tributar adequadamente o mercado digital, os bens intangíveis (como marcas, desenhos industriais, etc.) e a transferência de lucros entre empresas, inclusive entre controladas e controladora. Por seu turno, Marcos Valadão (2016, p. 93-118) anota sobre a Tributação Internacional: "O uso abusivo de estratégias de planejamento tributário, mais que resultar em concorrência desleal, é uma das causas da brutal concentração de renda, em níveis locais e em níveis internacionais. Sem uma tributação efetiva, com redução uniforme dos níveis de evasão e elisão tributária (claro, considerando as diferentes necessidades de receita de cada país), esta situação tende a se agravar, sendo também um dos fatores que provocam a alongamento da crise internacional que se instalou desde o final da primeira década deste século."

cos do seu país de origem (DEPEYRE, 2016, p. 111-138).

De outra banda, o princípio constitucional da isonomia não deve significar apenas o direito a um tratamento equânime e justo na distribuição da carga fiscal, mas também a utilização de um sistema penal tributário coerente com o ordenamento jurídico-penal como um todo.

Em outros dizeres, a seletividade penal,[45] utilizada sem o emprego dos princípios e dogmas penais, forjados mediante séculos de avanço e em decorrência dos direitos fundamentais, deslegitima o emprego da mais violenta forma do Estado se relacionar com os administrados, o Direito Penal.

Realmente, a política criminal aplicada aos crimes tributários, com a previsão de extinção de punibilidade pelo pagamento, não tem qualquer paralelo na legislação brasileira. O art. 107 do Código Penal prevê:

**Extinção da punibilidade**

Art. 107 - Extingue-se a punibilidade

I - pela morte do agente;

II - pela anistia, graça ou indulto;

III - pela retroatividade de lei que não mais considera o fato como criminoso;

IV - pela prescrição, decadência ou peremção;

V - pela renúncia do direito de queixa ou pelo perdão aceito, nos crimes de ação privada;

VI - pela retratação do agente, nos casos em que a lei a admite;

IX - pelo perdão judicial, nos casos previstos em lei.

De fato, no ordenamento jurídico brasileiro, a recomposição dos danos em crimes sem violência ou grave ameaça tem dois efeitos: se for realizada voluntariamente até o recebimento da denúncia, reduzirá a pena de um a

---

[45] Sobre este tema, Alessandro Baratta (2011, p. 165) destaca que "[...] o direito penal tende a privilegiar os interesses das classes dominantes, e a imunizar do processo de criminalização comportamentos socialmente danosos típicos dos indivíduos a elas pertencentes, e ligados funcionalmente à existência da acumulação capitalista, e tende a dirigir o processo de criminalização, principalmente, para formas de desvio típicas das classes subalternas. Isto ocorre não somente com a escolha dos tipos de comportamento descritos na lei, e com a diversa intensidade da ameaça penal, que frequentemente está em relação inversa com a danosidade social dos comportamentos, mas com a própria formulação técnica dos tipos legais." Posteriormente, o autor arremata que a "rede" para responsabilização penal é frequentemente débil "[...] quando os tipos legais têm por objeto a criminalidade econômica, e outras formas de criminalidade típicas dos indivíduos pertencentes às classes do poder."

dois terços (arrependimento posterior – art. 16 do CP); quando a reparação do dano for efetuada entre o recebimento da denúncia e o julgamento, será uma atenuante, a ser utilizada também na dosimetria da pena (art. 65, III, b, do CP).

> **Arrependimento posterior**
> Art. 16 - Nos crimes cometidos sem violência ou grave ameaça à pessoa, reparado o dano ou restituída a coisa, até o recebimento da denúncia ou da queixa, por ato voluntário do agente, a pena será reduzida de um a dois terços.
> [...]
> **Circunstâncias atenuantes**
> Art. 65 - São circunstâncias que sempre atenuam a pena:
> [...]
> III - ter o agente:
> [...]
> b) procurado, por sua espontânea vontade e com eficiência, logo após o crime, evitar-lhe ou minorar-lhe as consequências, ou ter, antes do julgamento, reparado o dano.

Em comparação, o delito de estelionato é muito assemelhado aos crimes previstos no art. 1º da Lei nº 8.137/90 e no art. 337-A do CP, por também se referir à utilização de fraude para obter vantagem ilícita. Entretanto, restituído o patrimônio alheio obtido ilicitamente, o estelionatário (art. 171, CP) obterá somente uma redução da pena, em visível descompasso com a benesse obtida pelo pagamento do débito em crimes tributários (recomposição do dano), com a extinção da punibilidade, em que sequer haverá de se falar, no futuro, em reincidência (OLIVEIRA, 2011, p. 294-295).[46]

---

[46] Nesse viés, a previsão contida na recente reforma tributária e penal-tributária argentina (Ley 27.430, de 27 de dezembro de 2017), no que se refere à extinção da punibilidade nos crimes tributários, é clara no sentido de que cada pessoa física ou jurídica somente poderá obter esta benesse uma única vez: "[...] TÍTULO IX - RÉGIMEN PENAL TRIBUTARIO; ARTÍCULO 279.- Apruébase como Régimen Penal Tributario el siguiente texto: [...] ARTÍCULO 16.- En los casos previstos en los artículos 1°, 2°, 3°, 5° y 6° la acción penal se extinguirá, si se aceptan y cancelan en forma incondicional y total las obligaciones evadidas, aprovechadas o percibidas indebidamente y sus accesorios, hasta los treinta (30) días hábiles posteriores al acto procesal por el cual se notifique fehacientemente la imputación penal que se le formula. Para el caso, la Administración Tributaria estará dispensada de formular denuncia penal cuando las obligaciones evadidas, aprovechadas o percibidas indebidamente y sus accesorios fueren cancelados

DOS DIREITOS E DEVERES FUNDAMENTAIS

Compare-se, ainda, o delito de furto qualificado pela fraude (art. 155, §4º, II, do CP), cuja pena máxima é de oito anos, sem a possibilidade de extinção da pena pelo pagamento para este infrator, com a sonegação fiscal mediante fraude (art. 1º, II, da Lei nº 8.137/90), com pena máxima de cinco anos. Verifica-se a total falta de coesão do sistema penal nesses pontos, muito embora a sonegação possa se referir a um dano de milhões (ou bilhões) de reais em prejuízo ao Erário Público (e indiretamente às prestações sociais a cargo do Estado), enquanto o furto pode ser de valor relativamente baixo.[47]

Sob outro aspecto, comente-se que o reiterado entendimento do STF tem sido no sentido de que o princípio da insignificância será aplicado a delitos contra o patrimônio somente quando atender a diferentes requisitos: a. a mínima ofensividade da conduta do agente; b. a ausência de periculosidade social da ação; c. o reduzido grau de reprovabilidade do comportamento; d. a inexpressividade da lesão jurídica causada.

Utilizando critérios diferenciados (e muito mais benevolentes), os ministros da Suprema Corte brasileira têm aplicado o princípio da insig-

---

en forma incondicional y total con anterioridad a la formulación de la denuncia. Este beneficio de extinción se otorgará por única vez por cada persona humana o jurídica obligada."

[47] Após tecer severas críticas à previsão de extinção da punibilidade pelo pagamento do débito tributário, por configurar tratamento diferenciado para delitos semelhantes, Bardusco Silva (1999, p. 22-23) deixa claro que não quer que o Estado deva deixe impune a prática de crimes violentos, mas acrescenta: "Esta causa de extinção da punibilidade não é reconhecida em nenhum outro delito contra o patrimônio, que apresenta certa similaridade com os delitos de sonegação fiscal. Assim, se um grande empresário suprimir criminosamente valor de tributo devido, deixando de recolher aos cofres públicos a importância de milhões de reais e, só porque a conduta criminosa foi descoberta, o sonegador vier a recolher o referido valor antes do recebimento da denúncia, sua conduta criminosa estará totalmente afastada, inexistente, pois a punibilidade foi extinta. [...] Todavia, caso um jovem venha a furtar uma velha bicicleta e esta venha a ser recuperada pela autoridade policial, mesmo assim, o jovem responderá pela prática do crime consumado. Constata-se o flagrante tratamento diferenciado estabelecido pela lei penal, tratando de forma mais benéfica a conduta mais grave, cujo prejuízo suportado pela sociedade foi muito maior. O próprio sonegador, que pelas razões já apresentadas, em nossa sociedade politicamente organizada, tem direito a voz e voto, ao contrário dos demais, sustenta que não é um criminosos, apresentando-se muitas vezes como um benfeitor, empreendedor que leva o progresso e emprego às diversas regiões do país, um verdadeiro filantropo."

nificância, nos crimes tributários, quando o valor dos tributos sonegados não excede à referência mínima para a propositura da execução fiscal pela Fazenda Nacional (vinte mil reais). Trata-se de interpretação do art. 20 da Lei 10.522/2002, em consonância com as portarias n° 75/2012 e n° 130/2012 do Ministério da Fazenda. As citadas portarias "atualizaram" e fixaram em vinte mil reais o valor abaixo do qual nem sequer será proposta ação de execução fiscal pela Fazenda Nacional.[48]

Nessa perspectiva, põe-se em relevo o tratamento desigual entre as penas de crimes semelhantes, além da concessão da extinção da punibilidade (mediante a reparação do dano) somente aos delitos fiscais ou econômicos, como observa Sánchez Ríos (2003, p. 15), podendo "[...] criar odiosas formas de privilégios contrárias aos princípios constitucionais, acentuando uma política legislativa intervencionista sem respaldo nos

---

[48] A respeito do princípio da bagatela, vejam-se os julgados a seguir, da primeira e da segunda turma do STF:
"Penal. Habeas Corpus originário. Descaminho. *Valor do tributo inferior a vinte mil reais. Princípio da Insignificância.* Concessão da ordem. 1. Em matéria de aplicação do princípio da insignificância às condutas, em tese, caracterizadoras de descaminho (art. 334, caput, segunda parte do Código Penal), o fundamento que orienta a avaliação da tipicidade é aquele objetivamente estipulado como parâmetro para a atuação do Estado em matéria de execução fiscal: o valor do tributo devido. 2. A atualização, por meio de Portaria do Ministério da Fazenda, do valor a ser considerado nas execuções fiscais repercute, portanto, na análise da tipicidade de condutas que envolvem a importação irregular de mercadorias. 3. Eventual desconforto com a via utilizada pelo Estado-Administração para regular a sua atuação fiscal não é razão para a exacerbação do poder punitivo. 4. Habeas corpus deferido para restabelecer a decisão de primeiro grau que não recebeu a denúncia." (Habeas Corpus nº 127173/PR, Rel. Min. Marco Aurélio, Rel. p. acórdão Min. Roberto Barroso. Primeira Turma, julgado em 21.03.2017). (Grifou-se).
"PENAL. HABEAS CORPUS. CRIME DE DESCAMINHO. VALOR SONEGADO INFERIOR AO FIXADO NO ART. 20 DA LEI 10.522/2002, ATUALIZADO PELAS PORTARIAS 75/2012 E 130/2012 DO MINISTÉRIO DA FAZENDA. PRINCÍPIO DA INSIGNIFICÂNCIA. APLICAÇÃO. PRECEDENTES. ORDEM CONCEDIDA. I - Nos termos da jurisprudência deste Tribunal, *o princípio da insignificância deve ser aplicado ao delito de descaminho quando o valor sonegado for inferior ao estabelecido no art. 20 da Lei 10.522/2002, com as atualizações feitas pelas Portarias 75 e 130, ambas do Ministério da Fazenda.* Precedentes. II – Mesmo que o suposto delito tenha sido praticado antes das referidas Portarias, conforme assenta a doutrina e jurisprudência, norma posterior mais benéfica retroage em favor do acusado. III – Ordem concedida para trancar a ação penal." (Habeas Corpus nº 139393/PR, Rel. Min. Ricardo Lewandowski, Segunda Turma do STF, julgado em 18.04.2017). (Grifou-se).

valores resguardados pela Constituição."[49]

Como se não bastassem as discriminações legislativas tributárias existentes, em que muitos são privilegiados com isenções ou subvenções fiscais em desfavor dos demais contribuintes na divisão dos custos do Estado, ainda encontramos ilegítima seletividade criminal, facultando ao sonegador pagar a dívida tributária a qualquer tempo e ver extinta a incriminação fiscal, oportunidade não concedida àqueles que praticam delitos assemelhados previstos no Código Penal ou no restante da legislação criminal especial.[50]

Afasta-se, assim, a integridade e a coerência axiológica do sistema jurídico-penal, utilizando soluções que não expressam uma doutrina ética, política e dogmática única, o que deveria ser a referência em qualquer elaboração legislativa de um Estado Democrático de Direito, principalmente em se tratando da seara jurídica que mais restringe os direitos fundamentais.[51] De fato, tanto a política criminal quanto o próprio direito penal, em um Estado Democrático de Direito digno deste nome, somente deveriam ser utilizados

---

[49] A jurista Inês Moreira Santos (2006, p. 30-33), ao tratar dos crimes de colarinho branco (incluindo os crimes de corrupção e fraudes, inclusive tributárias), adverte: "[...] Os criminosos de colarinho branco, pese embora as elevadas cifras negras, são tratados de forma privilegiada. Vários fatores determinam que assim seja, mas, pensamos que o principal será a desconsideração social do fenômeno. [...] A aparente inexistência de vítimas, os actos despidos de violência ou a desnecessidade de ressocialização dos agentes [...] são ideias profundamente enraízadas no consciente colectivo, que não deixam no entanto, de constituir concepções erradas. [...] este tipo de crime tem vítimas, e na maioria das vezes, mais do que uma e pode ser bem mais violento do que muitos outros, nomeadamente porque os seus efeitos podem se prolongar no tempo. [...] Outras das falsas questões, e que beneficia enormemente o criminosos de colarinho branco, é a ideia, posta em prática em sede de julgamento, que estes agentes nunca reincidem no crime, até porque, quase sempre chegam a esta fase do processo sem antecedentes criminais, estão muito bem integrados na sociedade [...] Este tratamento privilegiado àqueles que têm mais poder, mais cultura, mais educação, mais dinheiro, enfim, mais capacidade de influenciar as decisões [...] sob a forma de práticas inconfessáveis, que se têm banalizado e destruído, entre outras, a confiança no sistema judicial.

[50] Como denotam estudos realizados por Weisburd, Chayet e Waring (2001, p. 42-49), os criminosos do colarinho branco também praticam múltiplos delitos, e continuam a praticar as condutas relativas aos crimes dessa natureza mesmo que tenham sido condenados anteriormente.

[51] Segundo Valente (2017, p. 239): "A política criminal tem como um dos seus mais emblemáticos princípios a legalidade, que tem de ser firmado e respeitado na prevenção e repressão da criminalidade e na reparação dos danos individuais e sociais considerando *as necessidades concretas de defesa dos bens jurídicos*." (Grifos no original).

justamente em prol da proteção dos valores essenciais da sociedade.

Nesse rumo, segundo Díez Ripollés (2007, p. 120-122), a política criminal e o sistema jurídico-penal devem centrar-se na racionalidade pragmática, mesmo que sem afastar as imprescindíveis referências valorativas. Após, o autor ressalta:

> En este sentido, hay que retomar con decisión los esfuerzos a favor de la 'modernización' del derecho penal, esto es, de uma ampliación de la intervención penal a âmbitos socioeconómicos y de interés comunitário hasta hace poco considerados ajenos a la politica criminal. El carácter esencial de los intereses protegidos y la exigencia constitucional de igualdad de trato de todos los ciudadanos, obliga a incorporar la criminalidad de los poderosos al acervo de conductas objeto de consideración del derecho penal. Ésta es la genuina tarea expansiva de la criminalización que corresponde al modelo penal bienestarista: há de liberar al derecho penal del estigma de ser el Derecho de los pobres, y ha de asegurar que cumpla realmente su función, la de ser un Derecho orientado a la salvaguarda de los presupuestos esenciales para la convivencia. Se impone, por tanto, una contundente reacción ante aquellas propuestas que, con mejor o peor intención, proponen uma reducción significativa de la aún incipiente punición de conductas socialmente muy perturbadoras, pero realizadas en nichos sociales acomodados.

Ademais, são incoerências jurídico-penais como a ilegítima seletividade penal, representada neste estudo pela concessão da extinção da punibilidade aos sonegadores fiscais, oportunidade não concedida àqueles que praticam delitos assemelhados previstos no Código Penal ou na legislação especial, que fazem penalistas europeus professarem a necessidade de prever todas as condutas criminalizadas em um só Código, evitando ou dificultando essas ilegítimas discrepâncias possibilitadas pela legislação penal esparsa.

### 3.1.2 Da Proporcionalidade

O senso de proporcionalidade remonta às primeiras civilizações, concebendo uma noção adiantada e inovadora para os costumes da época, como a Lei de Talião (olho por olho, dente por dente) e as investigações filosóficas e jurídicas gregas,[52] buscando alcançar o meio termo (ou a proporcionalidade) como modo para promover a justiça.

---

[52] Neste aspecto destacam-se as ideias de Aristóteles, como desponta no Livro V da obra "Ética a Nicômaco": "Eis aí, pois, o que é o justo: o proporcional; e o injusto é o que viola a proporção."

No ocidente, até mesmo o símbolo da justiça, em que temos uma dama segurando uma balança nas mãos, há uma clara referência à proporcionalidade, à justa medida.[53]

Entre tantas outras referências históricas à proporcionalidade que poderiam ser relatadas, citem-se a Magna Carta inglesa de 1215,[54] a Suma Teológica de São Tomás de Aquino,[55] bem como a revolução intelectual que caracterizou o período da ilustração.[56]

No século passado, os alemães e os suíços foram os principais responsáveis pela redescoberta e utilização do princípio da proporcionalidade de forma efetiva, a princípio na seara do Direito Administrativo e, depois, através da doutrina e da jurisprudência,[57] erigiram-no à estatura de princípio constitucional, resultando em mais de uma centena de decisões judiciais do Tribunal Constitucional germânico utilizando a proporcionalidade como uma das razões de decidir (BONAVIDES, 2004, p. 399 e 408).

Efetivamente, a utilização do princípio da proporcionalidade significou (principalmente na Europa pós-guerra), em grande parte, uma resposta à aplicação do princípio da legalidade (de forma descomedida e cruel), pois

---

[53] Como anota BARAK (2012, p. 176), uma das regras de ouro da religião judaica prevê: Se considero algo odioso, não devo fazê-lo contra outra pessoa."

[54] Entre as diversas previsões da Carta Magna inglesa, foi estabelecido que "o homem livre não deve ser punido por um delito menor, senão na medida desse delito, e por um grave delito ele deve ser punido de acordo com a gravidade do delito," denotando um avançado senso de proporcionalidade para aquele momento histórico, muito embora tenha sido imposto pelos barões ingleses ao rei.

[55] Em diversas passagens da Suma Teológica, escrita por São Tomás de Aquino entre os anos de 1265 a 1273, tratando de questões morais e da natureza de Jesus, fazem-se várias referências ao meio termo, especialmente no Livro II, questão 64.

[56] Durante o período da Ilustração, sobressaíram-se as ideias de Montesquieu (O Espírito das Leis, 1747) e de Beccaria (Dos Delitos e das Penas, 1764), em que sustentavam a necessidade de penas proporcionais à gravidade das condutas e infrações à lei.

[57] O tratadista Bonavides (2004, p. 399) anota que o segundo Estado de Direito, alicerçado no princípio da constitucionalidade (substituindo o primeiro Estado de Direito, fundado no princípio da legalidade), gerou por derivação o princípio constitucional da proporcionalidade, estabelecendo novos tempos, impondo ao legislador o respeito aos valores e princípios constitucionais (que são invioláveis) ao legislar. Assevera também que o princípio da proporcionalidade é uma das colunas que sustentam e promovem a proteção dos direitos fundamentais contra os excessos do Estado em boa parte da Europa, além de ser um fruto de uma revolução silenciosa direcionada ao Segundo Estado de Direito, fundado nos valores e princípios constitucionais (2004, prefácio).

este fora utilizado (com base numa interpretação extensivamente formalista e positivista) como fundamento para "justificar" dezenas de milhares de penas de morte e outras penas hediondas aplicadas pelo governo nazista.

Percebe-se, portanto, que a redescoberta e a aplicação efetiva do princípio da proporcionalidade deveu-se principalmente à necessidade de coibir os excessos do Estado.[58] Neste vértice, por estar estreitamente vinculado à proibição do excesso, o princípio da proporcionalidade foi alçado à condição de um dos pilares do Estado Democrático de Direito (SARLET, 2004, p. 63).

O quadro abaixo, apresentado por Barak (2012, p. 182) e depois reproduzido por Guilmain (2015, p. 112), permite representar a evolução espacial e temporal da aplicação do princípio da proporcionalidade em diferentes nações, a partir de 1958:

GRÁFICO 6 – a migração do princípio da proporcionalidade

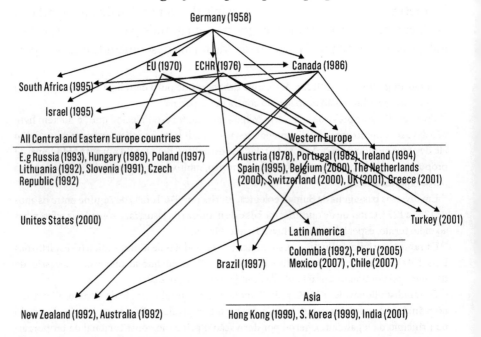

**Fonte:** Aharon Barak (2012, p. 182).

[58] Em longo estudo sobre o princípio da proporcionalidade, Aharon Barak (2012, p. 177) aponta que, no centro do desenvolvimento e aperfeiçoamento do conceito de proporcionalidade, estavam a necessidade e a vontade das nações civilizadas de protegerem os direitos humanos.

Realizadas essas breves digressões sobre a redescoberta do princípio da proporcionalidade, cabe abordar outro aspecto, quanto à natureza da proporcionalidade, em face de algumas discussões doutrinárias sobre a mesma.

Entre os autores brasileiros, Humberto Ávila (2016, p. 205) sustentou que a proporcionalidade é um postulado estruturador, a ser utilizado para a aplicação de princípios que colidem concretamente, em uma relação de causalidade entre um meio e um fim. Este autor apresenta como indispensáveis para a aplicação da proporcionalidade os seguintes juízos:

> [...] o da adequação (o meio promove o fim?), o da necessidade (dentre os meios disponíveis e igualmente adequados para promover o fim, não há outro meio menos restritivo dos direitos fundamentais afetados?) e o da proporcionalidade em sentido estrito (as vantagens trazidas pela promoção do fim correspondem às desvantagens provocadas pela adoção do meio?).

Entre os doutrinadores alemães, Robert Alexy (2011, p. 116-117) afirmou que há uma máxima (ou regra) da proporcionalidade, em estreita conexão entre a teoria dos princípios:

> Afirmar que a natureza dos princípios implica a máxima da proporcionalidade significa que a proporcionalidade, com suas três máximas parciais da adequação, da necessidade (mandamento do meio menos gravoso) e da proporcionalidade em sentido estrito (mandamento do sopesamento propriamente dito), decorre logicamente da natureza dos princípios, ou seja, que a proporcionalidade é deduzível dessa natureza."

Entre os espanhóis, Prieto Sanchís (2003, p. 189) nomina este princípio como "juicio de ponderación", embora reconheça a existência de juristas que o nominam como razoabilidade, proporcionalidade ou interdição da arbitrariedade. Tratando do tema, Aguado Correa (1999, p. 114) reputa que a proporcionalidade é um princípio, mas pontua que há teses diferentes na Espanha, ponderando depois que este princípio deve ser aplicado tanto na criação do direito pelo legislador quanto na sua aplicação pelo Estado-juiz.

No entanto, fundados na corrente doutrinária majoritária, entendemos que a proporcionalidade representa um princípio constitucional (implícito na Constituição Federal do Brasil), principalmente em virtude do seu nível de abstração e de fundamentalidade.[59]

Ainda, quanto aos diferentes entendimentos sobre o alcance do princípio da proporcionalidade, é importante ponderar o risco que representa para o sistema democrático (com a tripartição de poderes) a sua aplicação pelo poder judiciário, pois pode resultar num "governo de juízes",[60] substituindo-se aos poderes legislativo e executivo, sem que lhe tenha sido outorgada legitimidade para tanto. Efetivamente, a utilização indiscriminada deste princípio poderia resultar na "degradação da legislação",[61] cujo fim é justamente proporcionar segurança jurídica e promover a harmonia na sociedade, mediante regras de conduta que regulem (com constância e equilíbrio) o relacionamento entre as pessoas e instituições, sem depender da sorte ou do estado de humor do "julgador da vez".

Com efeito, permitir que um magistrado (que, como indivíduo, obviamente incute suas convicções pessoais nas razões de decidir) afaste a aplicação de uma lei federal, discutida e votada por centenas de deputados e senadores (legitimados para legislar mediante eleições democráticas), posteriormente sancionada pelo Presidente da República, requer muito cuidado e vigilância da sociedade.

No entanto, apesar das desconfianças que gera em face da possibilidade de deslocamento de poder do legislativo e do executivo para o judiciário, impedindo uma clara definição dos limites que o separam do legislativo, por ampliar demasiadamente as faculdades do juiz, a aplicação do princípio da proporcionalidade é de vital importância para a proteção e efetivação dos direitos fundamentais, e restringe a atuação do legislador (derivado) às balizas constitucionais, sujeitando-o ao controle pelo judi-

---

[59] Em um seminal estudo sobre as duas faces da proporcionalidade, como proibição do excesso e vedação da proteção insuficiente, o constitucionalista Sarlet (2004, p. 97-100) usou a expressão "princípio da proporcionalidade" mais de vinte vezes, apoiando-se em vários doutrinadores do Brasil e da Europa, em parcial contraposição a Humberto Ávila, que o considera um postulado, no sentido de dever de proporcionalidade, e a Robert Alexy, que o considera uma máxima (ou regra).

[60] Conforme o constitucionalista e administrativista francês Xavier Philippe (1990, p. 46), o caráter fluido ou elástico do princípio da proporcionalidade pode torná-lo um álibi utilizado pelo Poder Judiciário, com extensões incontroláveis, inclusive para questionar os atos dos demais poderes (Poder Executivo e Legislativo).

[61] Neste sentido já ponderava o constitucionalista alemão Ernst Forsthoff (1975, p. 240-241), na década de setenta.

ciário e, principalmente, ao fim principal de todo agrupamento humano, de proporcionar a todos, em suma, a dignidade humana, o núcleo essencial dos direitos fundamentais.[62]

Ademais, como sustenta Paulo Bonavides (2004, p. 436), pode-se considerar que o princípio da proporcionalidade está positivado em nosso ordenamento jurídico:

> O princípio da proporcionalidade é, por conseguinte, direito positivo em nosso ordenamento constitucional. Embora não haja sido ainda formulado como 'norma jurídica global', flui do espírito que anima em toda sua extensão o § 2° do art. 5°, o qual abrange a parte não-escrita ou não expressa dos direitos e garantias da Constituição, a saber, aqueles direitos e garantias cujo fundamento decorre da natureza do regime, da essência impostergável do Estado de Direito e dos princípios que este consagra [...] Sendo, como é, princípio que embarga o próprio alargamento dos limites do Estado ao legislar sobre matéria que abrange direta ou indiretamente o exercício da liberdade e dos direitos fundamentais, mister se faz proclamar a força cogente de sua normatividade.

Com efeito, precisar o alcance e o significado da proporcionalidade mereceria um longo trabalho monográfico, e este não é o objetivo deste estudo. Acrescente-se que o princípio (elástico) da proporcionalidade não se resume à esfera constitucional, recaindo sobre as outras searas de direito, protegendo os indivíduos contra os excessos do Estado e contra a salvaguarda insuficiente dos direitos fundamentais.

Em nosso país, a doutrina majoritária sustenta que o princípio da proporcionalidade permeia o texto constitucional de forma implícita:

---

[62]Com este entendimento, Prieto Sanchís (2003, p. 216) afirma quanto ao juízo de ponderação (proporcionalidade): *"En resumen, el juicio de ponderación puede verse como uma pieza esencial del neoconstitucionalismo, de un modelo de organización política que quiere representar un perfeccionamiento del Estado de Derrecho, dado que si es un postulado de este último el sometiemento de todo el poder al Derecho, el tipo de Constitución que reclama um control como el que se ha examinado pretende que ese sometiemento alcance también al legislador; [...] esta fórmula reclama entre otras cosas una depurada teoría de la argumentación capaz de garantizar la racionalidad y de suscitar el consenso en torno a las decisiones judiciales; y, a mi juicio, la ponderación rectamente entendida tiene ese sentido. Inclinarse em favor del legalismo o del judicialismo como modelo predominante tal vez encierre una opción ideológica, de ideología jurídica, pero el intento de hallar un equilibrio entre ambos – nunca del todo estable por otra parte – requiere la búsqueda de aquella racionalidad no sólo para las decisiones judiciales, sino también para las legislativas, aspecto este último que a veces se olvida."*

ao vedar qualquer emenda do constituinte derivado que vise a revogar os direitos e as garantias fundamentais;[63] ao tratar da representação na Câmara dos Deputados proporcional à população de cada um dos estados e do distrito federal; ao assegurar entre os direitos individuais o direito de resposta, proporcional ao agravo; ao prever a indenização por dano material, moral ou à imagem na proporção do prejuízo causado pela violação ao direito de outrem, entre várias outras disposições que fazem referência à proporcionalidade.[64]

No mesmo sentido, a análise sistêmica dos direitos e das garantias previstas na Constituição, configurando a dignidade humana como o "núcleo duro" dos direitos fundamentais (que não pode e não deve ser atingido), permite concluir pela previsão implícita do princípio constitucional da proporcionalidade.[65]

De fato, os direitos fundamentais, as liberdades e as garantias eventualmente podem ser estreitados quando forem conflitantes, mas as restrições têm como limitador a necessidade de preservar o núcleo essencial dos direitos fundamentais em choque. Assim, a esfera de liberdade da qual dispõe o legislador para conceber normas é balizada pela conformação instituída pela Constituição, coibindo o esvaziamento da eficácia dos direitos fundamentais.

Desse modo, o princípio da proteção do núcleo essencial (ou da proporcionalidade) busca salvaguardar os direitos fundamentais não somente contra os abusos do Estado, mas também contra agressões ilegítimas ou desarrazoadas de terceiros.

---

[63] Na Constituição Brasileira, em seu art. 60 está previsto (quanto às emendas à Constituição): "[...] § 4º Não será objeto de deliberação a proposta de emenda tendente a abolir: I - a forma federativa de Estado; II - o voto direto, secreto, universal e periódico; III - a separação dos Poderes; IV - os direitos e garantias individuais."

[64] Conforme Bonavides (2004, p. 434-435), podem-se listar os incisos V, X e XXV do art. 5°; incisos IV, V e XXI do art. 7°; § 3° do art. 36; § 4° do art. 40; inciso VIII do art. 71; entre outras referências à proporcionalidade.

[65] Segundo Bernal Pulido (2005, p. 595-6), o princípio da proporcionalidade também não está explicitamente previsto na Constituição da Espanha, mas tem assento no caráter juridicizável dos direitos fundamentais, no princípio de Estado de Direito (art. 1.1 da CE), na ideia de justiça (art. 1.1 da CE), no princípio da proibição da arbitrariedade (art. 9.3 da CE), além de outras interconexões entre o princípio da proporcionalidade e os direitos fundamentais que permeiam o texto constitucional espanhol.

Quanto ao objeto de estudo neste trabalho, relativo ao direito penal fiscal[66] e à extinção da punibilidade pelo pagamento do débito tributário, sobressai-se a importância do princípio da proporcionalidade, pois atua como baliza para as normas de caráter penal em suas duas facetas: como proibição do excesso[67] (*Übermaßverbot*) e como proibição de insuficiência (*Untermaßverbot*), evitando-se tanto a "tolerância zero" quanto o abolicionismo irresponsável.

### 3.1.2.1 Da Proporcionalidade sob a Perspectiva da Proibição do Excesso

Em um Estado Democrático de Direito o legislador não pode conceber leis ao seu livre alvedrio, de forma onipotente e sem limites, e nem mesmo pode o Estado-juiz aplicar as normas sem atender às balizas constitucionais, principalmente face ao dever de preservar o núcleo essencial dos direitos fundamentais quando estes entrarem em conflito.

Efetivamente, o princípio da proporcionalidade deve atuar para impedir que o Estado forneça proteção deficiente aos bens jurídicos fundamentais, mas este mesmo Estado deve atender aos limites estabelecidos pelos direitos fundamentais e demais valores constitucionais tanto ao legislar quanto ao aplicar a lei. Dessa maneira, principalmente quando o Estado legisla em matéria penal, tornam-se especialmente relevantes a isonomia e a proporcionalidade, conforme frequentes entendimentos exarados pela Corte Máxima Brasileira e pelos Tribunais Internacionais de Direitos Humanos.[68]

---

[66] Efetivamente, os delitos fiscais também devem ser observados com a consciência de que a restrição à liberdade é a espinha dorsal do sistema penal no Ocidente, somando-se ao fato de que o Direito Penal representa o mais conflituoso relacionamento entre o Estado e os indivíduos.

[67] Considerando que, em um Estado Democrático de Direito que se julgue digno deste nome, tanto a elaboração da legislação quanto a sua aplicação devem observar os direitos fundamentais, entendemos que o Estado somente deve incriminar condutas quando for absolutamente necessário, aplicando-se a pena mínima necessária para prevenção da conduta ofensiva, na esteira das lições de Ferrajoli (2010, p. 15, 427).

[68] Nesse viés, Flávia Piovesan (2006, p.32) anota que as Cortes Internacionais de Proteção a Direitos Humanos são imprescindíveis, porque "[...] detêm especial legitimidade e constituem um dos instrumentos mais poderosos no sentido de persuadir os Estados a cumprir obrigações concernentes aos direitos humanos."

Com efeito, o Estado não pode e não deve praticar excessos alegando que busca proteger os indivíduos. Quanto ao tema, leciona Valente (2014, p. 196):

> O princípio da proibição do excesso ou da proporcionalidade *lato sensu* é um princípio de consolidação do Estado de Direito material social e democrático e tem sua amplitude e essência no plano da legiferação e da hermenêutica jurídica. É um princípio enformador do princípio da legalidade como limite a quaisquer arbitrariedades do poder legislativo, do poder judicial e do poder executivo. Afirma-se como princípio densificador da dignidade da pessoa humana.

Ademais, ao estabelecer condutas proibidas e suas respectivas penas, portanto, o Estado somente deve prever sanções que restrinjam direitos fundamentais das pessoas (como a liberdade e a utilização da propriedade) somente quando forem absolutamente necessárias e na exata medida que sejam suficientes para prevenir aquelas condutas dignas de repressão criminal.

Nessa direção, diante do progresso dos direitos e das garantias e da ampliação da sua efetividade, em que as pessoas buscam uma vida comunitária com mais justiça e igualdade, inclusive um sistema fiscal e penal mais isonômico, oferecer a extinção da punibilidade nos crimes tributários mediante o pagamento do débito em qualquer momento causa perplexidade, pois permite deduzir que a falta de pagamento, e tão somente ela, fundamenta a punibilidade. Revela-se, desse modo, um claro excesso desproporcional praticado pelo Estado, pois utiliza a intimidação representada pela pena criminal como coação para o pagamento.

Efetivamente, esta forma de emprego do direito penal tributário violenta os direitos fundamentais lançados na Constituição Federal, por conservar a intolerável intimidação do Estado representada pela ameaça de prisão civil por dívida, rechaçada pelo Supremo Tribunal Federal, pelos tratados ratificados pelo Brasil e pelas decisões das Cortes Internacionais,[69] como já tive-

---

[69] Consta na Súmula Vinculante nº 25 do STF: "É ilícita a prisão civil de depositário infiel, qualquer que seja a modalidade do depósito." O Pacto Internacional sobre Direitos Civis e Políticos, promulgado como Decreto n° 592/92, em seu art. 11, prevê: "Ninguém poderá ser preso apenas por não poder cumprir com uma obrigação contratual." Consta na Convenção Americana sobre Direitos Humanos (Pacto de San José da Costa Rica), de 1969, promulgada no Decreto n° 678/92, no seu art. 7°, n° 7: "Ninguém deve ser detido por dívidas. Este princípio não limita os mandados de autoridade judiciária competente expedidos em virtude de inadimplemento de obrigação alimentar."

mos a oportunidade de comentar.

De fato, a única possibilidade de prisão civil por dívida atualmente aceita pelo Poder Judiciário brasileiro e pelas cortes internacionais de direitos humanos é aquela do devedor de alimentos, quando a dívida for voluntária e inescusável.

Assim, isentar o infrator da punibilidade quando este efetua o pagamento do débito tributário, apesar de ter cometido crime tributário, denota que o legislador transmutou a sanção criminal e parte do sistema penal (de um Estado Democrático de Direito?!) em mera coação para pagamento, ou pior, criou um sistema que beneficia o sonegador contumaz.

Assim, repita-se que o Direito Penal somente se legitima quando estiver tutelando os mais relevantes valores (ou bens jurídicos) de uma sociedade, jamais podendo ser utilizado como método para coagir o contribuinte ao pagamento de um débito.[70] Entretanto, no caso sob análise, nem mesmo o interesse arrecadatório parece ser atendido porque, ao contrário, a política criminal tributária não estimula o pagamento correto: o sonegador contumaz pode simplesmente omitir informações e fraudar o sistema de tributação e, se (e somente se) for flagrado, basta efetuar o pagamento alguns anos depois, quando estiver na iminência de uma condenação penal definitiva, para se ver livre da sanção criminal.

Dessa forma, ao empregar o Direito Penal como *prima ratio* no interesse de aumentar a arrecadação, negociando e monetarizando a sanção penal ao permitir a extinção da punibilidade criminal mediante pagamento, o legislador contrapõe-se aos bens jurídicos mais valiosos para o indivíduo, compostos pelos direitos fundamentais, sopesando-se que os princípios do direito penal e do direito tributário têm por principal função justamente proteger e dar efetividade aos direitos fundamentais, contra agressões tanto do Estado quanto de terceiros. Assim, o Estado atenta contra a proibição do excesso em matéria criminal.

De outro viés, dentro dessa concepção de utilização do Direito Criminal como *ultima ratio*, somente quando as demais searas do direito (civil, administrativo e tributário) não foram suficientes para coibir a conduta infracional, deve-se discutir a possibilidade de utilização do

---

[70] Segundo Amaral (2003, p. 1142), num "[...] Estado Democrático de Direito, o compromisso é para com a dignidade humana e não para com interesses eminentemente estatais e patrimoniais de determinados setores da vida política e econômica da sociedade."

direito penal tributário para prevenir delitos fiscais de pequena monta, cujo valor fraudado nem sequer é considerado digno para a propositura de uma ação de execução fiscal.

Com efeito, uma vez que o princípio da proporcionalidade possui estreita ligação com o subprincípio penal da ofensividade, entende-se que os tipos penais e suas respectivas sanções devem ter como limitador as condutas verdadeiramente reprováveis, que causem lesão a terceiros ou à sociedade. Em outras palavras, quanto ao tema sob estudo, deve-se analisar qual é o valor mínimo de fraude tributária que configura ofensividade apta a legitimar uma sanção penal.

A legislação italiana, por exemplo, prevê alguns crimes fiscais sem aludir ao valor sonegado (arts. 2°, 7° e 8° do D. Lgs. n° 74/2000), mas grande parte dos tipos penais tributários (arts. 2 a 11) estabelecem um valor mínimo de sonegação para configurar a conduta típica.

Nesse rumo, citem-se como exemplos os crimes a seguir, com os respectivos valores mínimos necessários para que a conduta configure crime: art. 3° (declaração fraudulenta mediante artifício não previsto no art. 2°), prevendo valor sonegado de mais de trinta mil euros; art. 4° (declaração infiel), quando o valor sonegado for de mais de cento e cinquenta mil euros; art. 5° (declaração omissa) e art. 10-bis (não recolhimento de impostos retidos), quando o total da sonegação for superior a cinquenta mil euros.

Por seu turno, o legislador espanhol estabeleceu, na Ley Orgánica 10/1995 (Título XIV do Código Penal), nos arts. 305 a 310, "los delitos contra la Hacienda Pública y contra la Seguridad Social". De fato, foram previstos tratamentos e sanções em diferentes níveis para os crimes fiscais, proporcionais ao valor do dano aos cofres públicos: de quatro e cinquenta mil euros; superior a cinquenta mil euros até cento e vinte mil euros; mais de cento e vinte mil euros até seiscentos mil euros; e acima de seiscentos mil euros.

Nesse diapasão, a proporcionalidade também ficou evidente na previsão de diferentes períodos de restrição de liberdade e de intensidade das multas pecuniárias das precitadas sanções da legislação espanhola. Diga-se, de passagem, que a intensidade das sanções é proporcional não só aos valores fraudados, mas também a outros requisitos, como a reincidência. Preocupou-se o legislador daquele país, ainda, em guardar proporcionalidade entre os crimes fiscais e demais delitos estabelecidos no Código Penal da Espanha, visando à adequada proporcionalidade entre o injusto penal e a sanção.

Por seu turno, o Regime Geral das Infracções Tributárias português, ao tratar do crime de fraude fiscal, prevê que esta conduta não é punível se a vantagem patrimonial ilegal for de menos de quinze mil euros.[71]

Na Argentina, o crime de evasão tributária simples somente é reconhecido quando o valor evadido exceder a um milhão e quinhentos mil pesos, ou seja, aproximadamente duzentos e vinte mil reais.[72] O delito de evasão tributária agravada é reconhecido quando a soma evadida superar o valor de quinze milhões de pesos, cerca de dois milhões e duzentos mil reais.[73]

---

[71] Em Portugal, o RGIT (Regime Geral das Infracções Tributárias) prevê: "[...] Artigo 103. Fraude. 1 - Constituem fraude fiscal, punível com pena de prisão até três anos ou multa até 360 dias, as condutas ilegítimas tipificadas no presente artigo que visem a não liquidação, entrega ou pagamento da prestação tributária ou a obtenção indevida de benefícios fiscais, reembolsos ou outras vantagens patrimoniais susceptíveis de causarem diminuição das receitas tributárias. A fraude fiscal pode ter lugar por: a) Ocultação ou alteração de factos ou valores que devam constar dos livros de contabilidade ou escrituração, ou das declarações apresentadas ou prestadas a fim de que a administração fiscal especificamente fiscalize, determine, avalie ou controle a matéria colectável; b) Ocultação de factos ou valores não declarados e que devam ser revelados à administração tributária; c) Celebração de negócio simulado, quer quanto ao valor, quer quanto à natureza, quer por interposição, omissão ou substituição de pessoas. 2 - Os factos previstos nos números anteriores não são puníveis se a vantagem patrimonial ilegítima for inferior a (euro) 15.000. 3 - Para efeitos do disposto nos números anteriores, os valores a considerar são os que, nos termos da legislação aplicável, devam constar de cada declaração a apresentar à administração tributária."

[72] Valor obtido utilizando a conversão de moeda oferecida no sítio eletrônico do Banco Central do Brasil, <http://www4.bcb.gov.br/pec/conversao/conversao.asp>, acessado em 24.05.2018.

[73] A recente reforma tributária e penal tributária argentina (Ley 27.430, de 27 de dezembro de 2017) estabeleceu: "[...] ARTÍCULO 279.- Apruébase como Régimen Penal Tributario el siguiente texto: Título I - Delitos Tributarios; ARTÍCULO 1°.- Evasión simple. Será reprimido con prisión de dos (2) a seis (6) años el obligado que mediante declaraciones engañosas, ocultaciones maliciosas, o cualquier otro ardid o engaño, sea por acción o por omisión, evadiere total o parcialmente el pago de tributos al fisco nacional, al fisco provincial o a la Ciudad Autónoma de Buenos Aires, siempre que el monto evadido excediere la suma de un millón quinientos mil pesos ($ 1.500.000) por cada tributo y por cada ejercicio anual, aun cuando se, tratare de un tributo instantáneo o de período fiscal inferior a un (1) año. Para los supuestos de tributos locales, la condición objetiva de punibilidad establecida en el párrafo anterior se considerará para cada jurisdicción en que se hubiere cometido la evasión. ARTÍCULO 2°- Evasión agravada. La pena será de tres (3) años y seis (6) meses a nueve (9) años de prisión cuando en el caso del artículo 1° se comprobare cualquiera de los siguientes supuestos: a) El monto evadido superare la suma de quince millones de pesos ($ 15.000.000); b) Hubieren intervenido persona o personas humanas o jurídicas o entidades interpuestas, o se hubieren utilizado estructuras, negocios, patrimonios de afectación, instrumentos fiduciarios y/o jurisdicciones no cooperantes, para ocultar la identidad o dificultar la

No Supremo Tribunal Federal brasileiro, o princípio da bagatela tem sido aplicado nas ocasiões em que as exações sonegadas não excedem a vinte mil reais, estabelecendo um critério (pacificado no Pretório Excelso) e lançando um pouco de coerência ao ordenamento penal tributário, em conformidade com os princípios e regras constitucionais, muito embora a Corte Suprema receba críticas neste aspecto, pois este valor não é utilizado como critério para a aplicação do princípio da insignificância em outros delitos assemelhados.

Trata-se, em suma, de uma incoerência jurídica, lógica e econômica, o emprego dos elevados custos representados pela atuação da Polícia Judiciária, do Ministério Público e do Poder Judiciário,[74] para promover a persecução penal de quem não será sancionado criminalmente.[75] Efetivamente, devem ser instaurados milhares de inquéritos e julgadas milhares de ações judiciais em que o contribuinte faltoso será, ao final do processo criminal, liberado de toda e qualquer responsabilização penal?

Assim, repita-se que, face ao princípio da proporcionalidade (na perspectiva de proibição do excesso), manter a ameaça de sanção criminal nos crimes fiscais de menor monta (abaixo de vinte mil reais), com os consequentes indiciamento, denúncia e processo criminal, contraria o ordenamento jurídico-penal brasileiro, pois a Corte Suprema brasileira fixou o entendimento de que esses crimes não apresentam um grau de ofensividade apto a legitimar a tutela criminal.

*identificación del verdadero sujeto obligado y el monto evadido superare la suma de dos millones de pesos ($ 2.000.000); c) El obligado utilizare fraudulentamente exenciones, desgravaciones, diferimientos, liberaciones, reducciones o cualquier otro tipo de beneficios fiscales, y el monto evadido por tal concepto superare la suma de dos millones de pesos ($ 2.000.000); d) Hubiere mediado la utilización total o parcial de facturas o cualquier otro documento equivalente, ideológica o materialmente falsos, siempre que el perjuicio generado por tal concepto superare la suma de un millón quinientos mil de pesos ($ 1.500.000).*"

[74] Muitas das ações judiciais relativas à aplicação do princípio da bagatela aos crimes tributários envolvem recursos julgados pelas instâncias superiores do Poder Judiciário, inclusive pela Suprema Corte brasileira, em que uma simples pesquisa de jurisprudência com os termos de busca "tributário" e "insignificância" aponta mais de uma centena de acórdãos e decisões monocráticas tratando de um tema, reitere-se, pacificado no STF.

[75] Acrescente-se que o valor de vinte mil reais, empregado como referência para a aplicação do princípio da bagatela em crimes tributários, é muito maior que aquele aplicado aos crimes contra o patrimônio, como o furto (incluindo o qualificado), em que os delinquentes são sancionados com penas de mais de quatro anos de prisão por valores sensivelmente inferiores àqueles dos crimes econômicos.

Cabe às demais áreas do direito (especialmente administrativa e fiscal), portanto, a responsabilização (e eventual aplicação de sanções) ao contribuinte infrator que causou danos de menor monta ao Estado e à comunidade. O legislador deverá, então, romper esta inércia e promover a correção deste ponto anacrônico do sistema penal tributário, prevendo claramente nos tipos penais fiscais que somente nas condutas em que o valor (fraudado ou sonegado) ultrapassar o valor de vinte mil reais estará configurado o crime tributário.

Conclui-se, assim, com lastro na proibição do excesso imposta aos Estados Democráticos de Direito, que a intimidação (por meio das sanções penais fiscais), com a finalidade única de obter o pagamento dos débitos tributários, constitui indevido e inconstitucional emprego do direito penal fiscal. Esta vedação de excesso (a ser cumprida pelo Estado) deve se tornar ainda mais efetiva quando se referir às condutas de pouca ofensividade contra o tecido social, as quais não são consideradas dignas sequer de uma ação judicial para promover a execução fiscal.

### 3.1.2.2 Da Proporcionalidade sob a Perspectiva da Proibição da Proteção Deficiente

Em uma análise sistemática da Constituição Federal, diante de uma das perspectivas do princípio da proporcionalidade, relativa à vedação de fornecer proteção insuficiente (ou deficiente), verificamos vários mandados explícitos de tutela jurídico-penal, especialmente no art. 5°, inc. XLI, ao prever que a "lei punirá qualquer discriminação atentatória dos direitos e liberdades fundamentais". Vários outros imperativos constitucionais de proteção penal determinam a criminalização de algumas condutas, como: racismo (art. 5°, inc. XLII); tortura, tráfico ilícito de entorpecentes, terrorismo e crimes hediondos (art. 5°, inc. XLIII); ação de grupos armados contra a ordem constitucional e o Estado Democrático (art. 5°, inc. XLIV); retenção dolosa do salário do trabalhador (art. 7°, inc. X); condutas e atividades lesivas ao meio ambiente (art. 225, § 3°); abuso, violência e exploração sexual da criança e do adolescente (art. 227, § 4°).

Todavia, realizando-se um exame mais agudo da Lei Fundamental, percebe-se que os constituintes não previram a tutela penal dos bens jurídicos recém mencionados de forma taxativa, porque muitos outros bens fundamentais, inclusive o mais importante deles, o direito à vida, possuem igualmente um comando constitucional (implícito) de defesa jurídico-criminal.

De fato, diante da importância e da essencialidade de alguns direitos fundamentais, despontam outros imperativos (embora implícitos) de penalização, os quais podem ser racionalmente deduzidos do texto constitucional, como leciona Feldens (2008, p. 46-7). Mencionem-se os atentados contra a vida, a integridade física e moral, a liberdade e a dignidade do ser humano, os quais nem sequer estão à livre disposição do legislador ordinário em virtude da sua essencialidade e dignidade constitucional.[76] Efetivamente, constituem valores e direitos fundamentais (constitucionais) de uma sociedade fundada na proteção da vida, da liberdade e da dignidade humana.

Ademais, os direitos à proteção dos direitos fundamentais, tal como constam na Carta Magna (ou decorrem da sua análise), são exigíveis do Estado, e estes não são apenas os direitos à vida e à saúde, porque a liberdade, a família e a propriedade também são direitos fundamentais, entendimento também defendido, entre outros, por Robert Alexy (2011, p. 450-1). Para este jurista, os mandados de tutela contra as agressões aos direitos fundamentais, que são efetivados através do Estado, inclusive por meio de normas criminais, desvelam um direito subjetivo constitucional de demandar "[...] ações positivas fáticas ou normativas em face do Estado, que têm como objeto demarcar as esferas dos sujeitos de direito de mesma hierarquia, bem como a exigibilidade e a realização dessa demarcação."

Faz-se extremamente importante, então, o princípio da proporcionalidade, pois os direitos à proteção necessitam de delimitação das posições de direitos fundamentais de titulares diversos. Em um raciocínio breve e lógico, os direitos de liberdade, por exemplo, não concedem liberdade para roubar, matar ou estuprar.

Analisando esse quadro sob outro ângulo, deve-se perceber que a renúncia (quase que total) à autodefesa somente poderá ser considerada racional se o indivíduo receber uma proteção efetiva do Estado, em troca

---

[76] Conforme Feldens (2008, p. 47-8), no texto constitucional houve uma dupla vinculação do legislador neste aspecto, prevendo deveres (mandados explícitos ou implícitos) de elaborar norma criminal de proteção eventualmente inexistente, e simultaneamente impedindo tentativas de extinguir a tutela penal determinada pela Constituição Federal. Trata-se de uma posição doutrinária que, embora aparente seja "antigarantista", visa a oferecer proteção aos bens jurídicos fundamentais que constam na Carta Política.

desta resignação.[77] Nessa perspectiva, os poderes públicos estão vinculados aos comandos constitucionais que tutelam os direitos fundamentais, e não podem garantir aos indivíduos somente o eventual dever de abstenção do Estado, porque também devem promover e proteger os direitos fundamentais perante eventuais agressões, fornecendo-lhes efetividade, como anota Andrade (2009, p. 138-41).

O constitucionalista sustenta, ainda, que qualquer eventual limitação aos direitos fundamentais que vise a proteger outros direitos essenciais deve atender ao princípio constitucional da proporcionalidade:

> A concepção do Estado-prestador, associada aos direitos sociais, abriu caminho para a concepção do Estado-amigo dos direitos fundamentais ou, pelo menos, do Estado responsável pela sua garantia efectiva. Deste modo, muitas das normas de direito penal, bem como as que regulam a intervenção policial passaram a ser vistas com outros olhos, da perspectiva do cumprimento de um dever de protecção, no contexto de um processo de efectivação das normas constitucionais relativas aos direitos fundamentais, estendida a toda a actuação dos poderes públicos." (ANDRADE, 2009, p. 138-41).

Nesse rumo, Heloísa Salomão (2001b, p. 95) pondera que, tanto quem elabora as normas quanto quem as interpreta, deve buscar nas escolhas axiológicas da Carta Política (entendida como máxima expressão dos valores e interesses de um povo), os fundamentos e balizas para definir o conteúdo e a aplicação do sistema jurídico-penal, atentando-se ao princípio da proporcionalidade (sem desconsiderar os demais princípios e normas constitucionais, obviamente).

De fato, o cerne da nossa Constituição e do nosso ordenamento legal é a dignidade da pessoa humana, a partir da qual devemos analisar os bens jurídicos a serem protegidos pelo direito penal. Por esses motivos, Heloísa Salomão (2001b, p. 95) arremata que os bens individuais e supra-individuais (coletivos e difusos), para receberem a qualificada tutela penal,[78]

---

[77] Em seu livro "Dos Delitos e das Penas", Cesare Beccaria (2005, p. 43) pondera: "Nenhum homem entregou gratuitamente parte da própria liberdade visando ao bem comum; essa quimera só existe em romances. [...] Foi, portanto, a necessidade que constrangeu os homens a cederem parte da própria liberdade: é certo, pois, que cada um só quer colocar no depósito público a mínima porção possível, apenas a que baste para induzir os outros a defendê-lo."
[78] Nesse sentido, quanto à dignidade penal dos crimes fiscais, Anabela Rodrigues (2001, p. 181-185) assevera que é "[...] através da cobrança de impostos que o Estado realiza em grande

devem possuir uma relação (ao menos instrumental) com a promoção da dignidade humana,[79] ou não terão a indispensável dignidade penal.

Dessa forma, reconhecendo-se que os bens jurídicos tutelados de forma mediata pelo direito penal tributário são, em suma, os direitos fundamentais promovidos e protegidos por meio da arrecadação dos tributos,[80] justifica-se a tutela criminal desses bens face à sua essencialidade.[81] [82]

---

parte os objectivos de justiça social que a sua dimensão democrática lhe impõe." Posteriormente, pondera que o Estado não dispõe de outros meios adequados e suficientes para proteger os direitos fundamentais tutelados, lesados pela fuga ilegítima ao Fisco, concluindo que a intervenção punitiva também é fundada, na área penal tributária, na imprescindibilidade de manter e robustecer a norma de comportamento prevista, tornando visíveis as vantagens obtidas com a observância da norma, gerando uma consciência ética fiscal.

[79] De acordo com Echavarría Ramírez (2014, p. 04:10), "[...] el sistema tributario es una forma, entre otras, a través de la cual el Estado adquiere capacidad para disponer de los medios y condiciones que permitan garantizar el ejercicio de los derechos. Por ello, la protección de la Hacienda Pública tiene pleno sentido como mecanismo para posibilitar el ejercicio de derechos y en consecuencia para ser considerado un interés legítimamente protegido por el Derecho Penal. De lo dicho se desprende que existe una estrecha vinculación entre Hacienda Pública e intereses individuales, como quiera que el ejercicio de éstos depende en buena medida de la Hacienda Pública, lo que avala que sea un interés protegido por el Derecho Penal."

[80] Conforme Eisele (2001, p. 11-12), "[...] quando o Direito Penal protege o patrimônio público expresso pela receita pública, confere tutelas indiretas a diversos interesses, entre os quais se pode relacionar, de forma exemplificativa, os seguintes: a) a solidariedade tributária, que é expressão da igualdade de sujeitos, proporcionalmente implementada pela regra da capacidade contributiva; b) a igualdade das condições no exercício da competição mercantil; c) a estrutura institucional do Estado, viabilizadora da prestação das tutelas sociais que lhes são constitucionalmente conferidas; d) a função administrativa estatal de arrecadação tributária, assim como a eficácia dos instrumentos utilizados para tal finalidade; e) a qualidade de vida dos indivíduos beneficiários das prestações estatais de cunho social; f) a base cultural dos integrantes da sociedade, referente à consciência acerca da importância do respeito ao patrimônio público, considerado como instrumento de implementação efetiva do Estado Social e Democrático de Direito."

[81] É importante recordar que todos os direitos possuem custos financeiros em sentido estrito, mesmo os direitos fundamentais relativos à liberdade, reclamando recursos econômicos, e são as exações fiscais que financiam a ação do Estado voltada para a promoção desses mesmos direitos. São poucos os casos em que os Estados não angariam recursos financeiros essencialmente através dos tributos, quando abundam riquezas naturais (como o petróleo ou metais valiosos) ou exploram atividades econômicas (como o turismo ou o jogo).

[82] Este assunto será estudado com maior profundidade no capítulo 4 desta pesquisa.

Acrescente-se que os Estados modernos utilizam a tributação também para tornar os direitos fundamentais mais efetivos e como técnica de dirigismo estatal, ou seja, não apenas como fonte de recursos financeiros. Com base nestes fundamentos, Marcos Valadão (2001, p. 224-241) pondera que o cidadão assegura o respeito aos direitos humanos ao pagar as exações fiscais,[83] arrematando que este pagamento é inerente à convivência em um Estado estruturado, porque a existência de um se fundamenta, pelo menos em parte, no outro. O autor acrescenta que somente um Estado democrático organizado consegue proporcionar efetividade e proteção aos direitos fundamentais, e este Estado, notoriamente, deverá ser custeado por seus cidadãos.[84]

No mesmo viés, Liziane Meira (2012, p. 232) sustenta:

> As pessoas contribuem de bom grado para as despesas familiares, para o condomínio de casas ou apartamentos em que vivem, ou para financiar outras despesas comuns, como bebidas ou alimentos na esfera social. No entanto, quando a questão é pagar pelo Estado, ratear as despesas como cidadão, mundo afora há uma postura de resistência. Aliás, postura que se perpetuou na história.

De fato, não existe apenas a necessidade de repartição dos custos do Estado entre os cidadãos, pois o sistema tributário (incluindo seu viés penal) também deve ser justo, visto que é praticamente impossível alcançar o desenvolvimento de uma consciência ético-fiscal enquanto os indivíduos tiverem a sensação de que pagam tributos mais elevados porque outros os sonegam.[85]

---

[83] Segundo Ricardo Lobo Torres (2014, p. 179), pode-se afirmar que: "A solidariedade fiscal está imbricada na *liberdade,* pois o dever fundamental de pagar tributos é correspectivo à liberdade e os direitos fundamentais: é por eles limitado e ao mesmo tempo lhes serve de garantia, sendo por isso o preço da liberdade."

[84] Nesse aspecto, Holmes e Sustein (1999, p. 44) afirmam que os direitos das pessoas não são simples imunidades contra intervenções do Estado, pois se assim fosse, a maior função do governo quanto ao exercício dos direitos fundamentais seria o absenteísmo, mas um Estado inoperante notoriamente não conseguiria oferecer proteção ou promover os direitos individuais ou coletivos.

85 Para Tipke e Lang (2008, p. 166-167), o sistema tributário deve ser compreendido e estruturado de forma a disciplinar, a oferecer segurança jurídica e justiça à tributação, mantendo tanto o interesse jurídico quanto o econômico-político-regulamentar, promovendo a eficiência

Desse modo, quanto à dignidade penal dos crimes fiscais, deve-se perceber que, em certas oportunidades, centenas ou mesmo milhares de crimes contra a propriedade particular (prestigiados com inquestionável força no Código Penal) não se igualam às consequências danosas[86] para a sociedade e para o Estado impingidas pelos crimes tributários de maior gravidade, muito embora estes malefícios muitas vezes não sejam percebidos pela comunidade, como leciona Gustavo Barroetaveña (2010, p. 61-98).

Prosseguindo na análise, repita-se que permitir a extinção da punibilidade através do pagamento do débito tributário a qualquer tempo, até mesmo quando o transgressor perpetra uma conduta prevista na legislação penal (como uma fraude ou uma falsidade), permite concluir que a punibilidade deriva da ausência de pagamento,[87] retirando a dignidade penal do bem protegido de forma oblíqua e proporcionando proteção insuficiente a este.

De fato, a dívida fiscal não representa apenas um débito civil (obrigacional), fazendo jus à guarida penal prevista nos tipos penais fiscais, diante dos imperativos de tutela dos bens jurídicos mediatamente protegidos.

Com efeito, entende-se que os delitos fiscais são pluriofensivos,[88] cau-

---

da ordem econômica. Ressaltam, ainda, que a essência que fundamenta o "verdadeiro" direito é justamente prover justiça e segurança jurídica. Quanto à necessidade de proporcionar uma justa tributação, cabe ponderar que a doutrina alemã sustenta, inclusive, a existência do direito fundamental do cidadão de exigir que todos os demais também contribuam para o financiamento do Estado (inclusive através de sanções), motivo pelo qual os autores arrematam: "Para a consciência jurídico-tributária dos cidadãos é indispensável que o Estado de Direito a eles proporcione o convencimento de que não estariam a participar do pagamento dos tributos dos outros."

[86] Quanto aos prejuízos causados à sociedade pelos crimes da macrodelinquência econômica e tributária, vejam-se as informações referentes aos escândalos "Panama Papers", "Swiss Leaks", "Luxembour Leaks" e, há pouco, "Paradise Papers", trazendo a lume fraudes fiscais que somam centenas de bilhões de dólares.

[87] Segundo Stoco (2016, p. 173-176), a extinção de punibilidade deixa transparecer uma "incoerência lógico-jurídica" e caracteriza uma inaceitável utilização do Direito Criminal pelo legislador, "[...] com o apoio do Poder Executivo, como mero meio ou instrumento na cobrança de impostos, de modo a privilegiar os mais abastados ou, quiçá, os mais ladinos."

[88] Nessa concepção de que os crimes tributários são pluriofensivos, Martínez Buján-Pérez (1995, p. 25) sustenta que o bem jurídico imediatamente tutelado pelos tipos penais tributários é o patrimônio da Fazenda Pública (arrecadação), tendo como bem jurídico protegido mediato ou imaterial as funções que os tributos devem cumprir. Nesse caminho, Hernán Laporta (2013, p. 75) também defende que se trata de crime pluriofensivo, protegendo "[...]

sando danos a diferentes bens jurídicos,[89] tanto imediato (significando o patrimônio da Fazenda Pública, de natureza objetiva e concreta), quanto mediatos (referentes, em suma, à função de promover a dignidade da pessoa humana por meio dos tributos),[90] pois os programas do governo direcionados à efetividade dos direitos fundamentais são financiados, justamente, pelos recursos financeiros arrecadados pelo Estado através das exações fiscais.[91]

Portanto, quanto à proibição de fornecer proteção insuficiente (diante do princípio constitucional da proporcionalidade), verifica-se que a isenção da punibilidade através do pagamento do débito fiscal, concebida pela nossa política tributária e penal, premia o sonegador.

Na realidade, legislar no sentido de que o sonegador contumaz e/ou fraudador da Administração Fazendária pode sair impune criminalmente, mesmo que tenha provocado prejuízos de milhões (ou bilhões) de reais aos

---

uma constelação de bens jurídicos enorme [...]", com uma imediata afetação à função estatal de percepção, verificação e controle tributário e, simultaneamente, uma agressão mediata ao patrimônio do Estado entendido de modo dinâmico.

[89] Este entendimento permite preservar os princípios penais de imputação (quanto à lesividade, individualização da conduta, dolo do autor e aplicabilidade do princípio da bagatela), sem descurar do relevante papel dos tributos na consecução das políticas públicas de concretização dos direitos fundamentais (XEREZ, 2017, p. 157).

[90] Conforme Correia Neto (2016, p. 293), as três perspectivas mais importantes na relação entre os direitos fundamentais e os tributos, conforme a Constituição Federal, são: 1. a imposição de limites à cobrança de tributos e à edição de normas tributárias, além de direitos de defesa para o contribuinte (princípios da legalidade, da anterioridade e do não confisco); 2. os tributos compreendidos como fonte de recursos financeiros para a promoção de direitos fundamentais (programas de saúde, educação, assistência e previdência social); e 3. as normas tributárias como formas extrafiscais de proteção e promoção de direitos fundamentais, contribuindo diretamente para a efetivação destes por meio de normas indutoras, contendo desonerações ou agravamentos.

[91] Em trabalhos relevantes sobre este assunto, Nabais (2010, p. 113) e Holmes e Sustein (2010, p. 20-58) anotam que até mesmo os direitos fundamentais relativos à liberdade devem ser tratados como "liberdades privadas com custos públicos." De fato, todos os direitos têm custos comunitários, isto é, custos financeiros de caráter público. Desse modo, os precitados autores e Correia Neto (2016, p. 298) lecionam que os direitos fundamentais de primeira dimensão (ou geração), referentes às liberdades públicas e aparentemente dependentes somente do absenteísmo do Estado para serem exercidos, exigem instrumentos estatais para serem concretizados e reclamam prestações públicas (como o direito de ir e vir), apesar de serem menos custosos que os direitos fundamentais de segunda dimensão (educação, saúde, assistência e previdência), de feição prestacional.

cofres públicos e aos benefícios que esses recursos poderiam gerar à sociedade, inclusive podendo realizar o pagamento da dívida somente quando se aproximar a decisão condenatória em última instância (ou mesmo após, segundo algumas decisões da Segunda Turma do STF e do STJ), representa um prêmio e um estímulo à sonegação, conspurcando o direito fundamental dos demais indivíduos da sociedade à justa divisão dos custos do Estado.

Ademais, esta previsão legislativa de extinção da punibilidade concede um regime diferenciado (e muito mais benevolente) aos crimes tributários e amplia a sensação de impunidade, provocando um desestímulo à honestidade fiscal e incitando à prática dos crimes tributários.

Dessa forma, percebe-se que em vez de dar guarida aos bens jurídicos mediatamente protegidos pelos tipos penais tributários, dignificados como os direitos fundamentais promovidos e financiados pelos recursos oriundos da arrecadação fiscal, o atual sistema aplicado no direito penal fiscal incentiva a agressão aos precitados bens de dignidade constitucional, oferecendo proteção débil, deficiente, aos bens jurídicos tutelados.[92]

Revela-se importante destacar também outro desestímulo à consciência e à ética fiscal promovidos obliquamente pelo próprio Estado, abrigando e tolerando o desrespeito ao ordenamento fiscal, ao tornar rotineiros os programas de recuperação fiscal, concedendo regularmente o perdão das multas tributárias e o parcelamento dos débitos fiscais, às vezes em centenas de prestações.

Nesse rumo, revela-se que o legislador violou a proibição de fornecer proteção deficiente aos direitos fundamentais,[93] empregando simbolica-

---

[92] Segundo Arroyo Zapatero (1998, p. 7), *"Al principio de idoneidad nos referimos los penalistas desde MAYER con la expresión capacidad de protección penal. La tipificación de una conducta resulta inadecuada cuando de ella no se va a obtener protección alguna del bien jurídico o, más aún, cuando su tipificación va a ocasionar más daño que beneficios. Como es conocido, una de las críticas más frecuentes contra diversas figuras del Derecho penal económico es precisamente su falta de eficacia, que conduce a consecuencias arbitrarias e injustas."*

[93] Conforme Bortowski (2009, p. 89-117), quanto aos subprincípios da proporcionalidade aplicados à extinção da punibilidade nos delitos fiscais, cabe verificar que: 1. Referente à idoneidade, que "A extinção da punibilidade pelo pagamento do tributo (meio) em nada favorece a efetividade da norma penal e a objetividade jurídica por ela protegida (fim). Pelo contrário, esse tipo de benevolência acaba por deturpar o bem jurídico tutelado, desacreditando, frente à opinião pública, a criminalização das condutas lesivas à ordem econômica, ao deixar transparecer uma suposta finalidade arrecadatória. Ademais, esse 'autêntico favor legislativo', somado a outros fatores (e.g deficiente fiscalização, lacunas legislativas), cria o ambiente perfeito a

mente o direito criminal para transmitir uma falsa sensação de segurança à sociedade.[94]

Realmente, caso o Poder Legislativo entenda que determinados bens jurídicos merecem a proteção penal, dentro da esfera de liberdade para elaborar normas concedida no Texto Constitucional, o legislador pode prescrever sanções de caráter criminal para as condutas que causem danos a esses bens, especialmente porque os bens tutelados pelos tipos penais fiscais possuem importância qualificada, que legitimam a proteção penal.

Entretanto, o que é vedado ao legislador e inconciliável com os princípios e direitos fundamentais é negociar a isenção da pena em troca do pagamento do débito fiscal, pervertendo o ordenamento penal que pro-

---

impedir a persecução penal, e, consequentemente, acarreta a tão conhecida impunidade." 2. No que tange à necessidade, pondera que "[...] a extinção da punibilidade pelo pagamento do tributo é mecanismo desnecessário, haja vista a existência de alternativas menos gravosas capazes de, com igual ou maior eficácia, diminuir a criminalidade, evitar a impunidade e propiciar o afamado incremento arrecadatório, como por exemplo: uma reforma tributária que, mesmo sem redução da carga de tributos, seja capaz de reduzir a informalidade pela simplificação da legislação e aumento da fiscalização; a aplicação das regras penais (CP, art. 16, alínea b do inciso III dos arts. 65, 1) e processuais penais (CPP, arts. 125 a 134) vigentes que, sem afastar a punição, garantem o retorno dos recursos desviados." Dessa forma, aconselha a aplicação da sistemática utilizada para os demais crimes, para preservar a coerência do ordenamento jurídico e especialmente do sistema penal, ou seja, o pagamento do tributo significaria uma causa de redução da sanção penal, quando realizado até o recebimento da denúncia, nos termos do art. 16 do Código Penal, ou uma atenuante genérica, caso efetivado após a denúncia, conforme o art. 65, III, alínea b, também do Código Penal. 3. Naquilo que se refere ao subprincípio da proporcionalidade em sentido estrito, anota que "a extinção da punibilidade pelo pagamento do tributo afigura-se desproporcional em sentido estrito, haja vista que, ao tratar de forma desigual situações rigorosamente iguais, viola o princípio da igualdade sem apresentar concretamente – ainda que fosse aceito o argumento da maior arrecadação, não há provas da efetividade dessa censurável justificativa – nenhum benefício."

[94] De acordo com Arroyo Zapatero (1998, p. 8), *"Por Derecho penal simbólico se entiende aquel que es utilizado exclusivamente con fines de pedagogía social, al objeto de sensibilizar a la población acerca de la importancia de un determinado bien o simplemente con la pretensión de tranquilizar las conciencias de políticos y electores. Los primeros tendrían la sensación de haber hecho algo y los segundos la impresión de que todo está bajo control. Lo problemático, tal como ha indicado HASSEMER, no es la función simbólica en sí, en cuanto que esta es común a todas las leyes, sean eficaces o no, sino elevar lo simbólico a la categoría de función exclusiva. Evidentemente em este caso la incriminación no está legitimada desde el punto de vista del principio de idoneidad, entre otras cosas porque a largo plazo acabará degradando la confianza que los ciudadanos tienen depositada en la función protectora de bienes jurídicos que se asigna al Derecho penal."*

grediu durante séculos, tanto doutrinária quanto jurisprudencialmente, proporcionando uma gradual ampliação da proteção à dignidade humana.[95]

Isso exposto, quando foi estabelecida a extinção da punibilidade a qualquer tempo no Brasil, sem o requisito temporal da autodenúncia e do pagamento do débito tributário (que devem ser anteriores ao início da ação fiscal e da ação judicial penal), como previsto na legislação da Alemanha, da Espanha e da Itália,[96] o legislador desfez a dignidade penal da qual gozam os bens jurídicos protegidos pela incriminação dos delitos fiscais. De fato, este requisito temporal conservaria uma certa consonância do instituto da extinção da punibilidade com os direitos fundamentais e manteria (quase em sua totalidade) a coerência do ordenamento jurídico-penal, além de remover a inconstitucional oferta de proteção deficiente aos bens jurídicos tutelados.

Neste diapasão, Sánchez Ríos (2003. p. 143) pondera ser muito mais adequado o sistema de liberação da pena utilizada na Alemanha (§ 371 da *Abgabenordnung*, chamada de autodenúncia liberadora de pena), porque tem "[...] enfoque eminentemente penal, amparado nos institutos da desistência e da reparação [...]", permanecendo "[...] excluídas deste benefício as condutas de retificação e de reparação posteriores ao início do procedimento administrativo ou penal [...]", pois nestes eventos "[...] as condutas 'involuntárias' estariam em desacordo com a finalidade do sistema penal [...]", representando somente uma diminuição da sanção.

Reitere-se que este sistema alemão de extinção da punibilidade em delitos fiscais serviu de modelo e inspiração para países como a Espanha[97],

---

[95] Acrescente-se que este emprego ilegítimo da "não punibilidade", em que *"el Estado vende la sanción penal a cambio de dinero fiscal [...]"* (STRECK apud IGLESIAS RÍO, 2003, p. 195), contrapõe-se até mesmo aos princípios mais básicos (porém essenciais) do sistema penal, especialmente da intervenção mínima, da fragmentariedade e da subsidiariedade, demonstrando um uso ilegítimo do ordenamento jurídico criminal.

[96] Reitere-se que na Alemanha, na Itália e na Espanha o entendimento jurisprudencial e doutrinário é de que as instâncias administrativa-tributária, judicial cível e judicial criminal são independentes entre si, ou seja, não é necessária a constituição definitiva do crédito tributário na via administrativa para que seja iniciado o processo judicial penal.

[97] O Código Penal Espanhol prevê, no art. 305, 4: "Se considerará regularizada la situación tributaria cuando se haya procedido por el obligado tributario al completo reconocimiento y pago de la deuda tributaria, *antes de que por la Administración Tributaria se le haya notificado el inicio de actuaciones* de comprobación o investigación tendentes a la determinación de las deudas tributarias objeto de la regularización o, en el caso de que tales actuaciones no se hubieran

nos termos do art. 305.4 do Código Penal espanhol (*Ley Orgánica* 10/1995), intitulando-o como causa de *levantamiento* ou de *anulación* de pena, e mais recentemente a Itália (Decreto Legislativo 74/2000, art. 13, modificado pelo D.LGS. 158/2015), com a *estinzione di reati tributari*.[98] Realmente, a Espanha e a Itália preservaram (quase totalmente) os requisitos e as características da extinção da punibilidade pelo pagamento do débito tributário concebido na Alemanha, incluindo o marco temporal que obsta o reconhecimento da autodenúncia para o fim de extinguir a punibilidade, ou seja, tanto o início da ação fiscal quanto de uma ação judicial penal impedem a posterior concessão da extinção da pena.

Cabe referir, também, que a atual previsão de extinção da punibilidade contrapõe-se a outro princípio que possui estreita ligação com a propor-

producido, *antes de que el Ministerio Fiscal, el Abogado del Estado o el representante procesal de la Administración* autonómica, foral o local de que se trate, *interponga querella o denuncia contra aquél dirigida, o antes de que el Ministerio Fiscal o el Juez de Instrucción realicen actuaciones que le permitan tener conocimiento formal de la iniciación de diligencias.* Asimismo, los efectos de la regularización prevista en el párrafo anterior resultarán aplicables cuando se satisfagan deudas tributarias una vez prescrito el derecho de la Administración a su determinación en vía administrativa. La regularización por el obligado tributario de su situación tributaria impedirá que se le persiga por las posibles irregularidades contables u otras falsedades instrumentales que, exclusivamente en relación a la deuda tributaria objeto de regularización, el mismo pudiera haber cometido con carácter previo a la regularización de su situación tributaria." (Grifou-se).
[98] O Decreto Legislativo nº 74/2000 italiano possui a seguinte redação, no seu art. 13: "*Causa di non punibilità. Pagamento del debito tributario.* 1. I reati di cui agli articoli 10-bis, 10-ter e 10-quater, comma 1, non sono punibili se, **prima della dichiarazione di apertura del dibattimento di primo grado,** i debiti tributari, comprese sanzioni amministrative e interessi, sono stati estinti mediante integrale pagamento degli importi dovuti, anche a seguito delle speciali procedure conciliative e di adesione all'accertamento previste dalle norme tributarie, nonché del ravvedimento operoso. 2. I reati di cui agli articoli 4 e 5 non sono punibili se i debiti tributari, comprese sanzioni e interessi, sono stati estinti mediante integrale pagamento degli importi dovuti, a seguito del ravvedimento operoso o della presentazione della dichiarazione omessa entro il termine di presentazione della dichiarazione relativa al periodo d'imposta successivo, sempre ché il ravvedimento o la presentazione siano intervenuti **prima che l'autore del reato abbia avuto formale conoscenza di accessi, ispezioni, verifiche o dell'inizio di qualunque attività di accertamento amministrativo o di procedimenti penali.** 3. Qualora, **prima della dichiarazione di apertura del dibattimento di primo grado,** il debito tributario sia in fase di estinzione mediante rateizzazione, anche ai fini dell'applicabilità dell'articolo 13-bis, è dato un termine di tre mesi per il pagamento del debito residuo. In tal caso la prescrizione è sospesa. Il Giudice ha facoltà di prorogare tale termine una sola volta per non oltre tre mesi, qualora lo ritenga necessario, ferma restando la sospensione della prescrizione." (Grifou-se).

cionalidade, o princípio da igualdade,[99] pois concede tratamento diverso para delitos assemelhados e fornece exclusão da sanção sem nenhum paralelo no ordenamento jurídico brasileiro.

## 3.2 Dos Deveres Fundamentais

O Brasil teve uma importantíssima reabertura democrática na década de 1980, especialmente com a promulgação da Constituição Federal, apresentada em 05 de outubro de 1988 como a "Constituição Cidadã". Em virtude do regime de exceção que governou o Brasil nas duas décadas anteriores, obviamente os constituintes deram prioridade, no Texto Constitucional, aos direitos fundamentais que haviam sido suprimidos ou reduzidos, em contraposição ao período em que aparentemente só havia deveres na relação do indivíduo com o Estado.

No entanto, passadas quase três décadas desde a promulgação da Constituição Federal, e mais tempo ainda desde que a democracia foi restabelecida, há uma necessidade premente de buscar um ponto de equilíbrio na sociedade,[100] reimpulsionando a consciência sobre as responsabilidades individuais e coletivas dos cidadãos, extremamente relevantes para proporcionar a adequada tutela e a promoção efetiva dos direitos fundamentais, restabelecendo assim os vínculos da solidariedade.

### 3.2.1. Os Deveres Fundamentais em Geral

Em vários momentos da civilização humana os deveres fundamentais gozaram da mesma importância dos direitos fundamentais, especialmente na

---

[99] No sistema jurídico-penal do Brasil, a reparação dos danos em crimes sem violência ou grave ameaça (como poderiam ser os crimes tributários) pode ter dois efeitos: ser acontecer até o recebimento da denúncia, por ato voluntário, proporcionará a redução da pena de um a dois terços (arrependimento posterior – art. 16 do CP); se a recomposição do dano acontecer entre o recebimento da denúncia e o julgamento, configurará uma atenuante, a ser utilizada na dosimetria da pena (art. 65, III, b, do CP). No entanto, tratando-se de crimes tributários, conceder-se-á a extinção da punibilidade, sem nenhuma consequência no campo criminal, nem sequer para fins de reincidência.

[100] O constitucionalista Canotilho (2003, p. 531), ao analisar os deveres fundamentais, pondera que "Os tempos estão, hoje, maduros para uma reproblematização desta importante categoria jurídica e política."

filosofia do republicanismo romano, em que os cidadãos estavam cônscios de que a República somente teria êxito se houvesse um determinado número de deveres essenciais a serem desempenhados pelos membros da comunidade,[101] como pondera Canotilho (2003, p. 531).

De fato, as noções relativas a direito e dever, as quais afloraram nos campos da religião e da ética, transferiram-se da moral para o direito somente após o término da idade média e início da idade moderna, quando começou a prosperar a ideia de que o homem não poderia ser governado pela "Lei Divina", porque detém direitos fundamentais e deveres também essenciais, imprescindíveis para a existência e funcionamento da sociedade, como leciona Nabais (1998, p. 41).

Em eventos mais recentes, entre as teorias e normas relativas aos deveres dos indivíduos, teve especial relevância no cenário ocidental a Constituição de Weimar (Constituição do Império Alemão, de 1919), estabelecendo os "direitos fundamentais e deveres fundamentais dos alemães", depois convertidos em deveres fundamentais dos "membros do povo" pelo regime nazista, incluindo o dever de trabalhar e o dever de defender o povo, por exemplo (CANOTILHO, 2003, p. 531). O autor acrescenta que as concepções nazista, comunistas e fascistas do século anterior, em que a correspondência entre direitos e deveres permitiu que estes últimos fossem tão hipertrofiados a ponto de suprimirem os direitos, estão entre as principais causas do temor gerado nos constituintes e da desproporção entre a quantidade e alcance dos direitos fundamentais previstos nas constituições ocidentais, em comparação com os poucos deveres fundamentais elencados.

Em estudo sobre este tema, amparado em diversos autores germânicos e italianos, Nabais (1998, p. 15-19) reconhece que o estudo sobre os deveres fundamentais tem sido muito negligenciado pela doutrina constitucional moderna, especialmente por se referir ao *status passivo* ou *status subiectionis* apontado por Jellinek (apud ROBERT ALEXY, 2011, p. 256-257), pois foi usado por Estados totalitários como justificativa para subjugar os indivíduos por tempo demais.

De outra banda, não obstante as cicatrizes deixadas pelos regimes totali-

---

[101] Uma obra de Marco Túlio Cícero (advogado, político, escritor, orador e filósofo romano), publicada em 44 a.C., contendo três volumes e intitulada *De Officiis* ("Sobre os Deveres"), foi especialmente relevante nesse aspecto, pois foi um verdadeiro tratado sobre os deveres dos cidadãos romanos.

tários, a Carta Política da Itália (1947) prevê explicitamente os deveres fundamentais no seu art. 2°, ao garantir os direitos do ser humano individual e coletivamente, mas demandando explicitamente "[...] o cumprimento dos deveres imprescritíveis de solidariedade política, econômica e social." [102]

A Constituição de Portugal (de 1976), na Parte I, prevê o tema "Direitos e deveres fundamentais", constando no art. 12, que trata do princípio da universalidade: "Todos os cidadãos gozam dos direitos e estão sujeitos aos deveres consignados na Constituição."

No Brasil, a Carta Política também alude aos deveres dos cidadãos em várias oportunidades, até mesmo no Título II, que trata "Dos Direitos e Garantias Fundamentais", constando no Capítulo I: "DOS DIREITOS E DEVERES INDIVIDUAIS E COLETIVOS." No restante do Texto Constitucional brasileiro constam diversas outras alusões aos deveres dos indivíduos, conforme veremos adiante, exsurgindo a fundamentação que legitima os deveres fundamentais.

No entanto, essas disposições não significam uma estreita conexão entre direitos e deveres fundamentais. Como pondera Canotilho (2003, p. 532-536), os deveres fundamentais compõem uma esfera autônoma, até mesmo a nível jurídico internacional,[103] tratando-se de deveres fundamentais com aplicação pontual e sem estreita correspectividade entre os direitos e deveres fundamentais, pois esta assimetria entre ambos é um importante requisito para promover um "estado de liberdade".

De fato, afastam-se atualmente as concepções simplistas de que a cada direito corresponde um dever, obstando as perspectivas utilizadas no passado por regimes totalitaristas, em que os deveres correlacionados suplantavam quase completamente os direitos dos indivíduos, ou então impossibilitavam o exercício destes. Entretanto, repita-se, não existe a mínima possibilidade de respeito aos direitos (fundamentais ou não) se os cidadãos, como membros de uma comunidade, não compreenderem que

---

[102] "Art. 2. *La Repubblica riconosce e garantisce i diritti inviolabili dell'uomo, sai come singolo sia nelle formazioni sociali ove si svolgela sua personalità, e richie del'adempimento dei doveri inderogabili di solidarietà politica, economica e sociale.*"

[103] Nesse sentido, há vários exemplos: na Declaração Internacional do Direitos do Homem (art. 29, item 1: "Toda pessoa tem deveres para com a comunidade, em que o livre e pleno desenvolvimento de sua personalidade é possível"); no Pacto Internacional de Direitos Civis e Políticos (preâmbulo); na Convenção Americana dos Direitos do Homem (art. 32, item 1); e na Carta Africana de Direitos do Homem (art. 32, item 1).

devem colaborar para a promoção do bem comum, da dignidade humana, aliás, da dignidade humana de todos os indivíduos.

### 3.2.2. O Dever Fundamental de Pagar Tributos

Os direitos fundamentais não possuem estrita dependência dos deveres fundamentais para alcançarem efetividade, por representarem categorias jurídicas distintas e autônomas, embora existam direitos e deveres fundamentais com conexão.[104]

De fato, há direitos fundamentais relacionados a deveres fundamentais: o direito da criança e do adolescente ao ensino, conexo com o dever de assegurar a educação exigido dos pais e da sociedade,[105] somando forças ao Estado nessa direção; o direito ao meio ambiente equilibrado, conexo com o dever de promover sua defesa e preservação,[106] entre outros.

De outro vértice, o serviço militar obrigatório e o dever de pagar tributos (justos e segundo a capacidade contributiva) exemplificam alguns deveres fundamentais autônomos. Quanto ao recém citado dever fiscal, ele representa "condición de vida para la comunidad porque hace posible el regular funcionamiento de los servicios estatales y el cumplimiento de

---

[104] Conforme as ponderações de Casalta Nabais (1998, p. 117-119), os deveres fundamentais "[...] pertencem ou integram a matéria dos direitos fundamentais, ou seja, a (sub)constituição do indivíduo." Prosseguindo, o autor se contrapõe à doutrina alemã da assimetria, sustentando: "Não há direitos sem deveres, porque não há garantia jurídica ou fáctica dos direitos fundamentais sem o cumprimento dos deveres do homem e do cidadão indispensáveis à existência e funcionamento da comunidade estadual, sem a qual os direitos fundamentais não podem ser assegurados nem exercidos."

[105] Um dos principais dispositivos da Carta Política sobre os direitos e deveres referentes à educação prevê: "Art. 205. *A educação, direito de todos e dever do Estado e da família*, será promovida e incentivada com a *colaboração da sociedade*, visando ao pleno desenvolvimento da pessoa, seu preparo para o exercício da cidadania e sua qualificação para o trabalho. [...] Art. 227. *É dever da família, da sociedade e do Estado* assegurar à criança, ao adolescente e ao jovem, com absoluta prioridade, o direito à vida, à saúde, à alimentação, *à educação*, ao lazer, à profissionalização, *à cultura*, à dignidade, ao respeito, à liberdade e à convivência familiar e comunitária [...] Art. 229. *Os pais têm o dever* de assistir, *criar e educar* os filhos menores[...]." (Grifou-se).

[106] Consta na Constituição Federal: "Art. 225. *Todos têm direito ao meio ambiente ecologicamente equilibrado*, bem de uso comum do povo e essencial à sadia qualidade de vida, impondo-se ao Poder Público *e à coletividade o dever de defendê-lo e preservá- lo* para as presentes e futuras gerações. (Grifou-se).

las finalidades sociales que lleva a cabo el Estado." (CRISTINA CHULVI, 2001, p. 104).[107]

O jurista Barquero Estevan (2002, p. 49), após comparar as doutrinas espanhola e alemã, sustentou que o tributo constitui o instrumento "[...] más deseable de financiación de las cargas públicas, y de que la propia Constitución assume esta idea al colocar el deber de contribuir a través de um sistema tributario justo como piedra angular del sistema de financiación del gasto público."

Efetivamente, este dever fundamental de pagar tributos consta, por exemplo, nos Textos Constitucionais da Itália (1947),[108] da Espanha (1978)[109] e de Portugal (1976),[110] com redação clara quanto a este aspecto.

A Lei Fundamental do Brasil não contém previsão expressa quanto ao dever fundamental de pagar tributos, mas esta concepção aflora da análise do seu texto, principalmente do balizamento das atribuições dispostas no Sistema Tributário Nacional (arts. 145 a 155 da CF) e das previsões referentes à ordem econômica.

Com efeito, o art. 173 da Constituição Federal reza que "[...] a exploração direta de atividade econômica pelo Estado só será permitida quando

---

[107] Segundo Cristina Chulvi (2001, p. 296), quanto à relevância do dever de contribuir, cabe ponderar: *"Uno de los deberes que ha acompañado al Estado desde el mismo momento de su nacimiento ha sido el deber tributario. El paso del tiempo y la evolución en las formas históricas estatales han ido dejando su huella en el fundamento de este deber que há pasado de ser concebido únicamente como medio para conseguir la necessária financiación que permite la subsistência del Estado a ser un instrumento al servicio de la política social y económica del Estado redistribuidor."*

[108] A *Costituzione della Repubblica Italiana*, promulgada pela Assembleia Constituinte em 22.12.1947, estabelece: *"Art. 53. Tutti sono tenuti a concorrere al lespese pubbliche in ragione della loro capacità contributiva. Il sistema tributario è informato a critério di progressività."*

[109] Em vigor desde 29.12.1978, a *Constitución Española* expressamente prevê: *"Artículo 31. 1. Todos contribuirán al sostenimiento de los gastos públicos de acuerdo com su capacidad económica mediante un sistema tributário justo inspirado em los principios de igualdad y progresividad que, em ningún caso, tendrá alcance confiscatorio. 2. El gasto público realizará una asignación equitativa de los recursos públicos, y su programación y ejecución responderán a los criterios de eficiencia y economía."*

[110] A Constituição de Portugal, de 1976, estabelece: "Artigo 103.º (Sistema fiscal) 1. O sistema fiscal visa a satisfação das necessidades financeiras do Estado e outras entidades públicas e uma repartição justa dos rendimentos e da riqueza. 2. Os impostos são criados por lei, que determina a incidência, a taxa, os benefícios fiscais e as garantias dos contribuintes. 3. Ninguém pode ser obrigado a pagar impostos que não hajam sido criados nos termos da Constituição, que tenham natureza retroactiva ou cuja liquidação e cobrança se não façam nos termos da lei."

necessária aos imperativos da segurança nacional ou a relevante interesse coletivo [...]", limitando claramente o exercício de atividades econômicas pelo Estado e estabelecendo que a principal fonte de sustentação financeira do Estado é a tributação. Diga-se, de passagem, que esta opção de obter os recursos financeiros para a promoção dos direitos fundamentais por meio da arrecadação tributária também foi a opção adotada pela grande maioria dos países civilizados do ocidente, pois raros são os Estados, repita-se, que obtêm recursos financeiros substanciais através das suas riquezas naturais ou da exploração de atividades econômicas.[111]

Comente-se, também, que os direitos fundamentais de primeira dimensão (liberdade), de segunda (igualdade) e de terceira (fraternidade e solidariedade), bem como os demais direitos essenciais, somente podem ser promovidos mediante recursos econômicos provindos dos tributos, os quais custeiam a atuação do Estado orientada para a concretização dos direitos fundamentais.[112]

Na realidade, os direitos dos indivíduos, inclusive aqueles relativos à liberdade, não são simples imunidades contra intervenções estatais. Aliás, se assim fosse, a melhor qualidade do Estado na promoção dos direitos fundamentais seria a paralisia ou a inatividade, quando sabidamente uma Administração Pública impotente não consegue tutelar ou promover os direitos essenciais, quer sejam individuais ou coletivos, como percebem Holmes e Sustein (1999, p. 44).

---

[111] Nesse viés, o constituinte optou por afastar os entes públicos das atividades econômicas e obter, através da tributação, os recursos necessários para proteger e promover o atendimento aos direitos fundamentais, num sistema de cooperação e de apoio mútuo no seio da comunidade, de acordo com a capacidade contributiva dos cidadãos-contribuintes, ou seja, principalmente através da solidariedade social. No mesmo sentido, qualquer sociedade organizada deve encontrar meios para impedir ou, no mínimo, reduzir o parasitismo (do carona), que goza dos benefícios proporcionados pelo Estado, mas não quer contribuir com sua cota-parte de sacrifício em prol do bem comum. Em outros dizeres, todo cidadão honrado e honesto tem o direito de vindicar que o Estado exija o mesmo sacrifício de todos os membros da comunidade agraciada com os proveitos financiados pelos tributos.

[112] O jurista Correia Neto (2016, p. 298) leciona que também os direitos fundamentais de primeira dimensão, relacionados às liberdades públicas e dependentes de uma atitude absenteísta do Estado em muitos casos, demandam aparatos estatais para serem exercitados e exigem prestações públicas (como o direito de ir e vir), muito embora aceite que aqueles sejam menos custosos que os direitos de segunda dimensão, de índole prestacional, como educação, saúde, previdência e assistência social.

Efetivamente, a fruição de direitos fundamentais não prestacionais, como as liberdades públicas, também é dispendiosa e demanda atividades governamentais, pois depende de infraestrutura (prédios públicos, ruas, equipamentos e servidores etc.), de proteção dos direitos de liberdade (segurança, judiciário etc.), embora represente despesas menores que aquelas voltadas para a promoção dos direitos eminentemente prestacionais, como a saúde e a educação.

Sustentando a mesma concepção, Flávio Galdino (2005, p. 337-8) pondera que todos os direitos fundamentais são positivos e dispendiosos para a comunidade, e que a concepção de que muitos direitos individuais são tipicamente negativos, especialmente os direitos políticos e de liberdade, atesta "cândida ingenuidade" de muitos juristas. Acrescenta o autor que abundam na Constituição Federal as alusões à gratuidade e as promessas relativas a diversas e custosas prestações estatais (sem prever qualquer contraprestação), originando despesas (quase ilimitadas) sem a imprescindível previsão de recursos para financiar os respectivos custos. Arremata, depois, asseverando que até o "mais belo dos direitos" pode fenecer diante da situação real, quando não são levados em consideração os recursos financeiros indispensáveis para viabilizar o exercício deste direito.

Nesse caminho, os direitos fundamentais de defesa do contribuinte garantem a este que "[...] a cobrança de tributos não lhe tolha a liberdade, não se dê sem lei, não lhe confisque o patrimônio, não afete o mínimo necessário a sua subsistência e não se faça senão a partir do próximo exercício financeiro, nem antes de decorridos noventa dias." (CORREIA NETO, 2016, p. 296).

Sob este paradigma de um Estado Social-Fiscal[113] e sobre as novas luzes lançadas a ele, o Texto Maior prevê de forma explícita o objetivo de erradicar a pobreza e de reduzir as desigualdades sociais, e que as necessidades financeiras deste Estado são evidentemente cobertas por tributos,

---

[113] Como pontua Marco Greco (2005, p. 177), a Carta Política consagrou valores de proteção e de modificação do perfil da sociedade, enaltecendo finalidades sociais a serem alcançadas, e a interpretação inicial das previsões constitucionais tributárias deve evoluir de um simples "não pode fazer" (como meras limitações ao poder de tributar) para um "deve fazer" (que atenda aos princípios constitucionais estabelecidos), utilizando-se a tributação não mais como simples poder juridicizado, mas sim como poder juridicizado "funcionalmente justificado", abrindo caminho, inclusive, para a discussão sobre o controle jurisdicional sobre a aplicação dos recursos públicos.

como observa Lenio Streck (2001). Apoiando-se em Baptista Machado, conclui que o "[...] o princípio do Estado de Direito não exige apenas a garantia da defesa de direitos e liberdades contra o Estado, *exige também a defesa dos mesmos contra quaisquer poderes sociais de fato*[...]", arrematando que os sonegadores de tributos são poderes sociais de fato que "[...] obstaculizam, escandalosamente, a realização dos direitos previstos na CF/88." (Itálico no original).[114]

Realmente, O Brasil é um Estado Democrático e Social de Direito, fundado constitucionalmente em valores e princípios voltados, em essência, para a proteção e para a promoção da dignidade da pessoa humana (como núcleo essencial dos direitos fundamentais), tendo por objetivos fundamentais construir uma sociedade livre, justa e solidária, erradicando a pobreza e a marginalização, reduzindo as desigualdades sociais e promovendo o bem de todos.

Nesse rumo, percebeu-se no Brasil uma clara ruptura (ao menos formalmente) com o modelo anterior de Estado, pois o constituinte estabeleceu uma sociedade na qual a primazia se deslocou do Estado para a pessoa, isto é, o Estado deixou de ser a prioridade e se tornou o instrumento por meio do qual são protegidos, garantidos e promovidos os direitos fundamentais.[115]

Nessa mesma linha, Correia Neto (2016, p. 280) afirma que os direitos fundamentais possuem força vinculativa máxima e, por este motivo, irradiam os seus efeitos sobre todo o arcabouço jurídico, e que ao "[...] influenciar o modo de interpretar e aplicar toda e qualquer norma jurídica, posicionando-se como conceito central do ordenamento jurídico, os direitos fundamentais operam verdadeiro deslocamento no Direito Público." Prosseguindo nessa linha de raciocínio, o jurista arremata: "Se antes se via o direito a partir do Estado, com a sedimentação do discurso dos direitos fundamentais, muda-se o ponto de vista: tem-se o direito, seja ele público ou privado, pensado do ponto de vista do cidadão."

---

[114] Ao depois, ainda lastreado nas lições de Baptista Machado (Introdução ao Direito e ao Discurso Legitimador), Lenio Streck (2001) anota que "[...] *a ideia de Estado de Direito se demite da sua função quando se abstém de recorrer aos meios preventivos e repressivos que se mostrem indispensáveis à tutela da segurança, dos direitos e liberdades dos cidadãos.*" (Itálico no original).

[115] Para Bonavides (2004, p. 584-592), o Brasil passou do antigo Direito Constitucional da separação de poderes, do positivismo formal decadente e de caráter eminentemente liberal, para o novel Direito Constitucional dos direitos fundamentais, da cidadania e do pós-positivismo.

Desse modo, o dever fundamental de pagar tributos (contribuindo na repartição das despesas públicas) não deve mais atender mais ao interesse do governante ou do Estado, devendo voltar-se à efetivação dos compromissos constitucionais de bem-estar e dignidade humana.

Realmente, deve-se mudar a visão de que o Estado interfere no direito fundamental de liberdade ou da propriedade privada ao tributar, como se estes e outros direitos fundamentais pudessem ser protegidos ou promovidos independentemente do Estado. Ao contrário, a evolução da humanidade ocorreu principalmente através do gradual reconhecimento e concretização dos direitos fundamentais, sendo que "[...] a eficácia dos direitos fundamentais está diretamente vinculada à forma de organização e atuação do aparato estatal." (CARDOSO, 2014, p. 169). Posteriormente, o autor ressalta: "[...] quanto maior a evolução do Estado em termos de status democrático e capacidade de atuação positiva na vida social, maior é a capacidade e a oportunidade de se fazer valer efetivamente os direitos de cidadania."

Efetivamente, após o reconhecimento da força jurídico-constitucional vinculativa máxima dos direitos fundamentais, o equilíbrio entre direitos e deveres deve ser recuperado (com urgência), pois todos os direitos (essenciais ou não) significam custos financeiros em sentido estrito, e "[...] todos os direitos, porque não são dádiva divina nem frutos da natureza, porque não são auto-realizáveis nem podem ser realisticamente protegidos num estado falido ou incapacitado, implicam a cooperação social e a responsabilidade individual." (NABAIS, 2002, p. 19-20).

No Brasil, a Carta Política promulgada em 1988 firmou um novo princípio redistributivo, em que os deveres (incluído o de pagar tributos) têm forte conotação de solidariedade social.[116] Este fato se revela com maior intensidade no atendimento aos direitos sociais (ou direitos fundamentais de segunda dimensão), promovidos no seio das sociedades para construir

---

[116] Segundo Fábio Comparato (2010, p. 36-37), "[...] a ideia de que o princípio do tratamento da pessoa como um fim em si mesma implica não só o dever negativo de não prejudicar ninguém, mas também o dever positivo de obrar no sentido de favorecer a felicidade alheia constitui a melhor justificativa do reconhecimento, a par dos direitos e liberdades individuais, também dos direitos humanos à realização de políticas públicas de conteúdo econômico e social [...]."
O autor prossegue (FÁBIO COMPARATO, 2010, p. 77), lecionando que a "[...] solidariedade prende-se à ideia de responsabilidade de todos pelas carências ou necessidades de qualquer indivíduo ou grupo social [...] com a socialização dos riscos normais da existência humana."

(ou permitir) uma vida digna para todos. À toda evidência, estes direitos somente podem ser proporcionados mediante a colaboração de todo o tecido social, de acordo com a capacidade contributiva de cada cidadão-contribuinte, pois através da fiscalidade são arrecadados os valores que permitem o cumprimento das prestações sociais a cargo do Estado.[117]

Ademais, como anota Robert Alexy (2011, p. 510), os direitos fundamentais sociais (sem exceção) são muito custosos, e para "[...] a realização dos direitos fundamentais sociais o Estado pode apenas distribuir aquilo que recebe de outros, por exemplo, na forma de impostos e taxas."[118] Repita-se, entretanto, que a arrecadação tributária também arca com as despesas relativas aos demais direitos essenciais.

O constitucionalista português Andrade (2009, p.151) reafirma este discurso, ressaltando a relevância espiritual e ética desta noção de deveres fundamentais dos cidadãos como componentes de uma sociedade, significando que "[...] o homem não existe isoladamente, nem a sua liberdade é absoluta, e que os indivíduos são responsáveis no campo político, econômico, social e cultural pela segurança, pela justiça e pelo progresso da comunidade."

Em virtude deste novo paradigma estatal, que busca assegurar uma existência digna a todos e proporcionar mais justiça social, o constitucionalista Konrad Hesse (1998, p. 175-176) defende a necessidade da contribuição tributária, entre outros deveres dos indivíduos para a consecução dos objetivos da Constituição:

> Esta tarefa fundamental não só uma 'obrigação social' da coletividade diante de seus membros, portanto, a obrigação para assistência social, assistência vital e satisfação social, mas também obrigações sociais dos membros da coletividade entre si, assim como diante da coletividade: deveres de proteção, ajuda, assistência e deveres de auto-auxílio coletivo, vinculações da propriedade, obrigações tributárias e deveres de prestação, que põem o Estado primeiro em condições de cumprir suas tarefas sociais.

---

[117] Estabeleceu-se um novo Estado em cinco de outubro de 1988, com a promulgação da "Constituição Cidadã", a qual deu especial atenção à solidariedade, no sentido da busca de uma vida digna para todos, a ser promovida reciprocamente entre os indivíduos da sociedade e através do Estado.

[118] Logo após, atento aos limites constitucionais ao poder de tributar, acrescenta que "[...] os frequentemente suscitados limites da capacidade de realização do Estado não decorrem apenas dos bens distribuíveis existentes, mas sobretudo daquilo que o Estado, para fins redistributivos, pode tomar dos proprietários desses bens sem violar seus direitos fundamentais."

Ademais, este enfoque social da dimensão humana, de cooperação, está retratado desde o preâmbulo da Lei Fundamental, "[...] a ponto de os valores supremos como liberdade, segurança, igualdade e justiça serem instrumentos na busca de uma 'sociedade fraterna' [...]", como sustenta Marco Greco (2005, p. 174-175). O autor prossegue, ponderando que o tema cooperação permeia todo o Texto Constitucional, ao lado da proteção a valores individuais, contemplando a união de esforços como valor importante para o convívio em sociedade. Citem-se, da Constituição Federal, os artigos: 3°, I; 4°, IX; 5°, XVIII; 23, § único; 29, X; 30, VI e VII; 43, § 3°; 174, §§ 2°, 3° e 4°; 192, VIII; 241.[119]

Na mesma perspectiva, Fabriz e Souza (2013, p. 59-85) sustentam que a solidariedade decorre de um princípio fundamental, lastreado na busca pela construção de uma vida digna para todos, a ser erigida mediante a reciprocidade entre os indivíduos, sendo imprescindível "[...] da parte de todos o dever à sua observância, isto é, ao particular cabe pagar tributo e ao Estado aplicar, com transparência e justiça social, o produto da arrecadação." Asseveram, também, que "[...] postos simetricamente aos direitos sociais estão os deveres de custear o Estado, que [...] podem ser aceitos voluntariamente, mas que, por derivação constitucional, devem ser exigidos do contribuinte."

Segundo Nabais (2005, p. 134), a cidadania fiscal impõe, por um lado, "[...] que todos suportem o Estado, ou seja, que todos tenham a qualidade de destinatários do dever fundamental de pagar impostos na medida da sua capacidade contributiva, de outro, impõe que tenhamos um Estado Fiscal suportável [...]."[120]

---

[119] Nesse diapasão, quanto à eficácia jurídica do princípio da solidariedade (com seus reflexos evidentes na tributação), lembra-se que o art. 3°, I, da Carta Política, fixa como objetivo fundamental construir uma sociedade solidária, além de justa e livre, isto é, a legislação infraconstitucional obviamente não pode estabelecer uma regra que conflite com este valor da solidariedade, face à vinculação do legislador e dos atos legislativos aos objetivos fundamentais, aos princípios e aos direitos fundamentais insculpidos na Lei Fundamental.

[120] Isso exposto, retornando aos aspectos relativos à solidariedade do ponto de vista constitucional, convém lembrar que a Carta Magna de 1967 era claramente uma Constituição do Estado, com a própria seguridade social sendo tratada muito mais como uma responsabilidade a cargo do Estado do que como um compromisso da sociedade consigo mesma, como pontua Marco Greco (2005, p. 171). Com outra concepção, a Constituição de 1988 foi promulgada para "instituir um Estado Democrático, destinado a assegurar o exercício dos direitos sociais

Efetivamente, quanto à cidadania fiscal e ao sistema constitucional calcado na solidariedade, destaca-se que o constituinte brasileiro não previu expressamente o dever de pagar tributos como um dever fundamental, como constou claramente nas constituições italiana (1947),[121] espanhola (1978)[122] e portuguesa (1976).[123]

No entanto, o Texto Magno brasileiro nos permite reconhecer este dever fundamental implícito (apesar de sua baixa densidade normativa), por meio da análise da demarcação das competências previstas no Sistema Tributário Nacional (arts. 145 a 155 da CF) e das previsões quanto à ordem econômica.

De fato, as exações fiscais impostas em um Estado Social e Democrático de Direito, balizadas pela capacidade contributiva dos contribuintes, são uma porção significativa das condutas que são exigidas dos membros de uma comunidade,[124] favorecendo não somente a si mesmos, mas também à coletividade, isto é, uma divisão equânime e proporcional dos encargos

e individuais, individuais e coletivos." Quanto à solidariedade, perceba-se que o art. 194 da Carta Política trata das "ações de iniciativa dos Poderes Públicos e da sociedade" para assegurar os direitos relativos à saúde, à previdência e à assistência social, não mais atribuindo somente ao Estado essas responsabilidades. Após, no art. 195, prevê que o financiamento da seguridade social será financiado por toda a sociedade, e esta sociedade obviamente a financia através dos tributos.

[121] A *Costituzione dela Repubblica Italiana* foi promulgada pela Assembleia Constituinte em 22 de dezembro de 1947, prevendo: "*Art. 53. Tutti sono tenuti a concorrere al lespese pubbliche in ragione della loro capacità contributiva. Il sistema tributario è informato a critério di progressività.*"

[122] A *Constitución Española*, em vigor desde 29 de dezembro de 1978, prevê: "*Artículo 31. 1. Todos contribuirán al sostenimiento de los gastos públicos de acuerdo con su capacidad económica mediante un sistema tributário justo inspirado en los principios de igualdad y progresividad que, em ningún caso, tendrá alcance confiscatorio.*"

[123] A Constituição Portuguesa, de 1976, contém: "Artigo 103.º (Sistema fiscal) 1. O sistema fiscal visa a satisfação das necessidades financeiras do Estado e outras entidades públicas e uma repartição justa dos rendimentos e da riqueza. 2. Os impostos são criados por lei, que determina a incidência, a taxa, os benefícios fiscais e as garantias dos contribuintes. 3. Ninguém pode ser obrigado a pagar impostos que não hajam sido criados nos termos da Constituição, que tenham natureza retroactiva ou cuja liquidação e cobrança se não façam nos termos da lei.

[124] Conforme Vítor Faveiro (2002, p. 87) e Alessandro Cardoso (2014, p. 144-6), os deveres fundamentais foram legitimados no Texto Constitucional e, portanto, ostentam dignidade constitucional. Esses deveres advêm, principalmente, da natureza social dos indivíduos, quando do se agregam em sociedade política para possibilitarem, por meio do Estado, sua realização como pessoas e como ente comunitário.

e corresponsabilidades que a existência e o funcionamento de uma comunidade organizada implicam.

A contrapartida do Estado, por seu turno, "[...] significa sacrificar o mínimo para preservar o máximo dos direitos fundamentais [...]", conforme leciona Juarez de Freitas (2007, p. 329).

Não obstante essas ponderações, deixe-se claro que este estudo não é um elogio ao tributo, principalmente em um país cuja carga tributária é visivelmente desmedida, em que a imposição fiscal é uma norma com forte rejeição social.[125]

Entretanto, apesar da carga fiscal desmedida e da divulgação constante de desvios de recursos públicos na mídia nacional, não pode perdurar a ideia ingênua e simplória de que "[...] não se deve contribuir mediante o pagamento de tributos por que os valores arrecadados não vão ser gastos em saúde, educação, segurança etc." Em um Estado Social e Democrático de Direito, soluções devem ser buscadas mediante a análise da realidade concreta, porque os direitos fundamentais não podem "[...] ser assegurados por um ente 'sobrenatural' – Estado-, esquecendo-se de que esse ente nada mais é do que a soma de todos, e não o contraponto da sociedade." (BUFFON, 2009, p. 84).

Assim, não somente a concretização dos direitos fundamentais necessita do cumprimento do dever fundamental dos cidadãos de pagarem os tributos, isto é, suas respectivas parcelas na distribuição dos encargos que a vida em sociedade exige, como também possuem os indivíduos o direito fundamental de exigir que o Estado assegure a justa e correta partilha das obrigações entre todos os membros da comunidade.

Ademais, restam óbvios os danos causados pela evasão fiscal:

> [...] importa reter que a indulgência para com a fuga ao imposto contrasta acentuada-

---

[125] Os tributaristas germânicos Tipke e Lang (2008, p. 186) anotam: "[...] quanto maior pressão exercem as cargas fiscais sobre os cidadãos, tanto mais difícil é fazer prevalecer a justiça fiscal contra a resistência, a esquivança e a má vontade tributárias, e tanto mais se açaima o desperdício fiscal, que retira o tapete a toda justificação de tributos: a abusiva aplicação de recursos tributários pela displicência no trato de fundos alheios, mas certamente confiados, pelo planejamento defeituoso, pela incompetência, pelo despotismo, indolência, indiferença de políticos e administradores, através de compromissos políticos corruptos e da mania de satisfazer interesses individuais e de grupos às custas da comunidade e sobrecarregar as responsabilidades próprias do Estado." (Itálico no original).

mente com a prática, muito divulgada, de responsabilizar o Estado por parcelas crescentes da existência dos cidadãos, criando, assim, uma incongruência a que já se chamou o "dilema típico da nossa época": reclama-se o máximo do Estado mas rejeitam-se as inevitáveis consequências financeiras dessa atitude. Uma tal contradição reconduz, aliás, o fenômeno ao plano ético, uma vez que só encontra solidez lógica na afirmação de Bastiat de que "todos querem viver à custa do Estado, mas esquecem que o Estado vive à custa de todos [...]." (SANTOS, 2003, p. 352).

Percebe-se, portanto, que o dever tributário, ou o dever de concorrer para a subsistência do Estado, é inderrogável e constitucionalmente legitimado, e tem a comunidade por referência em um Estado Social e Democrático de Direito, no sentido de buscar uma existência digna para todos. Ademais, o desenvolvimento da pessoa humana não envolve tão somente prover as condições mínimas de sobrevivência física, mas também a efetivação de direitos econômicos, sociais e culturais, os quais demandam elevadas somas de recursos públicos.

## 4. A Tutela Penal em Crimes Contra a Ordem Tributária

O eixo central do sistema de penas em vigor é a privação da liberdade,[126] um direito fundamental, e o poder de punir e de julgar certamente é o poder do Estado que é exercido de "[...] maneira mais violenta e direta sobre as pessoas e no qual se manifesta de forma mais conflitante o relacionamento entre o Estado e o cidadão, entre autoridade e liberdade, entre segurança social e direitos individuais [...]", como preleciona Ferrajoli (2010, p. 15).[127]

Nesse rumo, considerando que o Direito Criminal somente poderá atuar com pretensão de justiça em um Estado de Democrático de Direito se estiver em consonância com os direitos fundamentais, este mesmo Estado tem o seu poder de legislar em matéria penal limitado duplamente, pois somente pode incriminar condutas quando for absolutamente necessário (economia das proibições penais) e somente deve ser aplicada a pena mínima absolutamente necessária para prevenir a ocorrência da conduta lesiva (FERRAJOLI, 2010, p. 427).[128]

---

[126] Exclui-se a sanção da pena de morte, nesta análise, tendo em vista que (na ampla maioria dos países civilizados) a pena capital somente é aplicada em casos excepcionais. No Brasil, a pena de morte somente poderá ser aplicada em caso de guerra declarada, nos termos do art. 5º, inc. XLVII, alínea a, da Constituição Federal.

[127] O mestre italiano acrescenta que, justamente em virtude da constância desse conflito, o Direito Penal sempre esteve no centro da reflexão jurídico-filosófica (FERRAJOLI, 2010, p. 15).

[128] Após, concluindo o tema, Ferrajoli (2010, p. 427) pondera que a tutela penal deve garantir somente os bens fundamentais cuja proteção não possa ser garantida de outra forma, mas somente no limite do necessário para prevenir a lesão.

Nesse contexto, conforme Roxin (2009, p. 16-17), deve-se partir da premissa de que a função do Direito Penal é assegurar aos indivíduos uma coexistência livre, pacífica e segura, em que a intervenção do Estado (entendida como proteção necessária) e a liberdade civil (possível) estejam em equilíbrio. Acrescenta o penalista, ainda, que este dever de oferecer proteção penal imposto ao Estado somente deve ser utilizado quando não for possível alcançar essas metas mediante outras medidas político-sociais menos gravosas para a liberdade e para os demais direitos essenciais.

Ao analisar-se o Direito Penal Tributário, porém, deve-se lembrar que a imposição fiscal é uma norma com forte rejeição social, e que pouquíssimos cidadãos cumpririam suas obrigações fiscais se não houvesse norma sancionatória, alegando que os delitos tributários não causam repulsa no tecido social, como lembra Ives Gandra Martins (2011, p. 169-172). Ao depois, este autor acrescenta que a aversão às normas tributárias reside na carga fiscal desmedida, visto que não é utilizada somente para satisfazer o interesse público e a sociedade, mas também para a manutenção dos privilégios, desperdícios e favorecimentos dos governantes.[129] No caso das infrações administrativas e dos crimes fiscais, a precitada rejeição à tributação faz com que a sanção se torne norma primária e asseguratória da norma de comportamento, isto é, não há autonomia nem da pena, nem do delito ou infração, estando vinculados.[130]

Ao tratar do tema, Edvaldo Brito (2016, p. 150) defende que o Direito Tributário é, por natureza, de caráter obrigacional, manifestando-se avesso à criminalização imposta pelo legislador ao inadimplente tributário, entendendo estar configurada uma "ilegitimidade da lei penal", salvo quando o contribuinte, por exemplo, praticar eventual outra conduta que já consta na legislação penal.

---

[129] O tributarista Ives Gandra Martins (2011, p. 169-172) também assevera que muitas prioridades para gastos do governo são estabelecidas sem nenhum critério que as justifique; privilégios e isenções indevidos são utilizados; pequenos e microempreendedores, sem capital e sem corpo técnico, são prejudicados por políticas fiscais e tratamentos que não contemplam suas características; há uma insatisfação generalizada entre aqueles que pagam devidamente os tributos, visto que sabem que lhes é imposta uma carga fiscal quase confiscatória, em grande parte, face à sonegação dos demais cidadãos.
[130] Segundo Ives Gandra Martins (2011, p. 184), em virtude da carga fiscal desmedida o Estado se torna dependente da sanção para obter a arrecadação.

Na realidade, deve-se buscar nas opções axiológicas da Carta Magna, essa expressão máxima dos valores e interesses de um povo, os fundamentos para o conteúdo e alcance do sistema penal.

Este assunto toma especial relevância por que na sociedade brasileira há um sentimento generalizado de que os cidadãos não se beneficiam das incriminações previstas no Direito Penal Tributário, sendo tão somente perseguidos por ela, tornando-os desinteressados pela punição e pelo eficaz emprego das sanções penais.

No entanto, é "[...] através da cobrança de impostos que o Estado realiza em grande parte os objectivos de justiça social que a sua dimensão democrática lhe impõe [...]", como adverte Anabela Rodrigues (2001, p. 181-185). Sob o mesmo viés, a autora anota que o Estado não dispõe de outros meios adequados e suficientes para garantir a proteção dos bens sob tutela, agredidos pela fuga ilegítima ao Fisco, observando que a intervenção punitiva também é fundamentada, na seara penal fiscal, na necessidade de conservar e reforçar a norma de comportamento prevista, visando a tornar visíveis as vantagens derivadas da observância da norma, consequentemente formando uma consciência ética fiscal.

Ademais, às vezes, centenas de delitos contra a propriedade particular (prevendo elevadas penas no Código Penal) não se comparam nem remotamente com as consequências danosas para a sociedade dos delitos fiscais de magnitude, muito embora sejam muitas vezes imperceptíveis para a população.

Assim, os bens supra-individuais (mediatamente protegidos na tipificação dos delitos fiscais) merecem especial proteção do Estado e da sociedade,[131] como é o caso do Erário Público, que deve ser utilizado pelo

---

[131] O jurista espanhol Martínez-Buján Pérez (2016, p. 94-95) adverte: "*El Derecho penal no puede anclarse en um pensamiento individualista y tutelar exclusivamente ataques que atenten a bienes jurídicos cuya naturaleza sea estrictamente individual. Así, del mismo modo que sucede en otros sectores del denominado Derecho penal moderno, en el ámbito económico hay bienes jurídicos de naturaliza colectiva, intereses de todos, que indiscutiblemente deben ser tutelados por el Derecho penal nuclear ante las modalidades de agresión más intolerables; e incluso existen bienes jurídicos que, sin ser intereses generales, son bienes de carácter supraindividual que afectan a amplios sectores de la población y que, bajo determinadas condiciones, también pueden ser merecedores de tutela penal. [...] em términos generales los delitos económicos que revistan mayor gravedad deberían integrarse en el Derecho penal (ubicados sistemáticamente bien en el propio CP, bien en leyes especiales), ser castigados con penas privativas de libertad, al menos de modo alternativo, y quedar sometidos a las reglas y princípios tradicionales de la imputación penal.*"

Estado para a salvaguarda dos indivíduos e para o cumprimento das funções que lhe são atribuídas constitucional e legalmente, na condição de um Estado Social e Democrático de Direito.[132]

Nesse aspecto, Piketty (2014) demonstra através de longo estudo de viés econômico, como os Estados possuíam uma carga tributária de aproximadamente dez por cento da sua renda nacional anual no início do século passado, a qual era utilizada para o fim de cumprir somente suas funções relativas à soberania (como forças armadas, polícia, administração geral e judiciário), evoluíram para cargas tributárias crescentes. Isto se deve ao surgimento do Estado Social (*Welfare State*), quando diversas outras atribuições surgiram para os governos, no sentido de promover o bem-estar social através do implemento de políticas de acesso gratuito à saúde, à educação, ao mínimo necessário para uma existência digna. Assim, os Estados obviamente tiveram que aumentar a arrecadação. Na Europa ocidental, os tributos passaram dos precitados 10%, em média, para 45% da renda nacional, com o aumento representado por cerca de 10% utilizados para promoção da saúde, aproximadamente 10% para a educação, e outros 15% para as rendas de substituição ou de transferência (aposentadoria, seguro-desemprego, programas de renda mínima etc.). Em outras palavras, o Estado Social que fez surgir o Estado Fiscal.

De fato, como destaca Sanchéz Ríos (1998, p. 34), devem-se superar afirmações simplórias, que não estejam amparadas na dogmática substancial da seara que esteja sendo analisada, "[...] como aquelas que defendem a descriminação dos crimes fiscais, com base na ideia simplista de que o

---

[132] Como salienta Bardusco Silva (1999, p. 23-24): "Quando o agente sonega tributos, está subtraindo o patrimônio alheio que pertence a toda a coletividade. [...] A afirmação de que os delitos contra a ordem tributária não são violentos e não causam a morte e dor como os demais é mentirosa, pois quantas mortes ocorrem por força desta sonegação, que tiveram como causa imediata a precariedade das estradas, do policiamento preventivo, do atendimento à saúde, quer preventivamente ou de forma terapêutica etc., mas que a causa mediata foi a supressão criminosa da receita pública, ou seja, do tributo devido, que iria custear tais serviços públicos. Quando o empresário suprime ou reduz criminosamente tributos, está 'roubando' de grande parcela da nossa sociedade a chance de viver com dignidade e a esperança de uma sociedade mais justa e fraterna. [...] Causa perplexidade perceber como o Ministério Público e o Poder Judiciário não reconhecem sua responsabilidade frente aos problemas da segurança pública e, em especial, nas mazelas causadas pela prática constante e oficiosa da sonegação de tributos, insistindo em serem meros espectadores do que ocorre na sociedade."

Estado não pode punir, pois na verdade o Governo não aplica na 'saúde, educação e segurança' o dinheiro que arrecada." (Grifos no original).

No mesmo vértice, Nabais (1998, p. 679) adverte que os tributos não configuram um simples poder para o Estado, nem mesmo um mero sacrifício para os contribuintes, mas sim uma contribuição imprescindível a uma comunidade organizada, pois o Estado Fiscal (decorrente do Estado Social) é baseado na corresponsabilidade dos cidadãos pelo seu sustento e no dever de agir subsidiariamente no campo econômico e social, ou seja, não existe o pretenso direito fundamental ao não pagamento de impostos.

Neste rumo, Germano Marques da Silva (2018, p. 31-33) leciona que o tributo não é mais devido ao soberano e não representa mais uma sujeição, mas sim um atributo da cidadania, sendo que o patrimônio tributário deve ser entendido como um bem comunitário que precisa e merece proteção penal, voltando-se para o cumprimento das funções do Estado, não apenas satisfazendo as necessidades financeiras deste e das suas instituições, mas principalmente atuando como veículo para a realização da pessoa como ser social, diminuindo as desigualdades, desincentivando o consumo de certos produtos, constituindo um instrumento de política econômica e desenvolvimento.

Por seu turno, Marcos Valadão (2001, p. 233) se aprofunda no tema, inclusive afirmando que, antes de existir um dever, há um direito fundamental de pagar tributos concedido ao cidadão, pois "[...] para se garantir os direitos humanos, positivos ou negativos, é imprescindível o pagamento de tributos, pois são eles que sustentam o Estado [...] pois os pagando os cidadãos podem exigir do Estado a garantia dos seus direitos."

No contexto, Sanchéz Ríos (1998, p. 50), valendo-se de longa pesquisa da doutrina espanhola sobre o tema, ainda adverte que a previsão do crime fiscal se justifica por que a conduta delituosa causa um prejuízo imediato ao Erário Público, e também atinge o "valor constitucional da solidariedade" que obriga todos cidadãos a contribuírem para a manutenção dos gastos públicos. O autor arremata, afirmando que "[...] esse bem jurídico, 'representado' nas funções que o tributo deva exercer de acordo com os dispositivos constitucionais, justifica amplamente sua incriminação." (Grifo no original).

Nessa mesma direção, ocorrem os reflexos extremamente negativos das condutas delituosas da alta delinquência econômica e financeira, como adverte Faraldo Cabana (1995, p. 25-26), após pesquisa sobre os delitos societários (incluídos os delitos fiscais), citando fortes preocupações que já eram debatidas em organismos internacionais desde os anos setenta:

> Ya en el Quinto Congreso de las Naciones Unidas para la Prevención del Crimen y Tratamiento del Delincuente, celebrado en Ginebra en 1975, se puso de manifiesto que demasiado frecuentemente actividades bancarias, financieras, industriales, fabriles, comerciales y otras, entrañaban una criminalidad económica no fácil de descubrir y probar. En el mismo sentido, la Exposición que precede a la Recomendación núm."R 81 del Comité de Ministros del Consejo de Europa a los Estados miembros, sobre la criminalidad en materia económica, adoptada por el Consejo de Ministros el 25 de junio de 1981, puso de relieve los siguientes aspectos, entre otros: que **las infracciones económicas perjudican a numerosas personas** (socios, acreedores, asalariados, comerciantes de la competencia, accionistas), **a la comunidad en su conjunto e incluso al Estado, al que impone pesadas cargas financieras e inflige pérdidas considerables de ingresos**, gravando, por consiguiente, a la economía nacional e internacional; que ocasionan una cierta pérdida de confianza en el mismo sistema económico; que crean importantes problemas jurídicos; y que en una primera fase deben prevenirse estas infracciones con medidas de Derecho civil, mercantil y administrativo que, **en caso necesario, deben ser apoyadas o completadas por normas penales**." (Grifou-se).

A jurista Faraldo Cabana (1995, p. 664-665) ainda reforça a ideia de que, infelizmente, a delinquência através das grandes empresas goza da indulgência por parte da opinião pública, do legislador e dos tribunais de justiça, significando uma repressão ineficaz, propondo não só a aplicação das normas penais em vigor, bem como a criação de outros tipos penais para proteger outros bens jurídicos fundamentais para fazer frente à delinquência societária.[133]

---

[133] Faraldo Cabana (1995, pp. 664-666) anota que a delinquência societária é uma das manifestações mais características da delinquência econômica, e que a proteção oferecida à ordem econômico-financeira não é suficiente, "[...] razón por la cual es necesaria una tutela más incisiva. Existe una necesidad político-criminal de creación de los delitos societarios. A ello se añade una necesidad dogmática, puesto que ni la estafa, ni la apropiación indebida ni las falsidades documentales pueden abarcar todas las conductas delictivas societarias merecedoras y dignas de sanción penal. Las críticas vertidas contra la rúbrica "delitos societarios" son a mi juicio infundadas. Pese a ello utilizo la de "delitos societarios" por ser la generalmente aceptada hoy por la doctrina penal y la utilizada por el pre-legislador de 1992 y 1994."

No mesmo rumo, ao tratar do direito penal econômico (entre os quais se encontra o direito penal tributário) e da sua expansão, face à necessidade de proteger os bens jurídicos de cariz coletivo, a jurista portuguesa Anabela Rodrigues (2018, p. 25) leciona:

> Acentua-se o facto de ser protagonizado por indivíduos com qualificações e *status*, que utilizam estruturas e instrumentos comuns à atividade econômica lícita. É um crime – como já ao tempo o definiu Edwin Sutherland – 'cometido por uma pessoa com respeitabilidade e *status* social alto na sua ocupação.' E que, num quadro de globalização e financiarização da economia e de 'capitalismo popular' como o atual, comporta uma danosidade elevadíssima – desmesurada, como se tem vindo a acentuar nos tempos mais recentes -, o que é apontado como sua característica identificadora. Para além dos danos econômicos e dos danos derivados do efeito ressaca e espiral – em que avulta, desde logo, a corrupção -, salienta-se ainda o facto de que as crises financeiras, que andam paredes-meias com a criminalidade econômica, se ligam a ajustes econômicos de consequências devastadoras que atingem de modo imediato as camadas sociais ,ais vulneráveis e, mediatamente, todos os cidadãos, por via da carga fiscal. (Grifos no original).

De fato, essas infrações cometidas pela macrocriminalidade econômica e financeira já geravam enormes preocupações aos governantes há muito tempo, pois estes são os responsáveis pela manutenção da paz social e de condições dignas de vida para todos os respectivos administrados. Cite-se, por exemplo, a lei antitruste norte-americana de 1890 (*Sherman Act*), que visou a regular o mercado e garantir a concorrência entre as empresas nos Estados Unidos, evitando que uma empresa ou corporação se tornasse grande o suficiente para dominar um setor do mercado. Aproveita-se esse aspecto, inclusive, para ressaltar que empresas que sonegam tributos também causam danos ao mercado econômico em si, comprometendo a concorrência leal que serve como importante fator de equilíbrio e de preservação de qualquer sociedade.

Nesse rumo, ao realizar pesquisas sobre setenta das maiores empresas e corporações dos EUA por mais de uma década, o professor Edwin Sutherland[134] elaborou importantes trabalhos, vindo a cunhar a expressão "crime

---

[134] Pode-se citar o sociólogo Edwin Sutherland (1883-1950) como um dos mais influentes pensadores e doutrinadores da Criminologia moderna, que fez com que muitos passassem a contestar ou a ver sob outros prismas a criminalidade, pois à época em que ele viveu a

de colarinho branco" (*white colar crime*). O autor percebeu que essas grandes empresas, por meio dos seus gestores, incorriam em crimes de sonegação fiscal e outros delitos (de cavalheiros) que resultavam na evasão ilegítima de somas gigantescas de recursos financeiros que deveriam ser destinados ao Erário Público (na forma de tributos) e à sociedade como um todo.

Comente-se, também, que Sutherland desenvolveu a teoria social e criminológica da associação diferencial, segundo a qual a conduta delituosa depende, em grande parte, do grupo social ao qual pertence e com o qual se identifica determinado indivíduo, aprendendo no seio deste círculo social a praticar os crimes. Acrescentou que pessoas que causam enorme prejuízo social podem ter sua conduta sendo considerada regular e aceitável no seio da sociedade, como ocorre nas fraudes financeiras e fiscais, muito embora causem danos milionários ou bilionários ao Estado e, por conseguinte, atinjam direta e indiretamente a toda a comunidade. Em

sociedade entendia que somente criminosos maltrapilhos que furtavam ou assaltantes que atiravam nas pessoas eram perigosos e ameaçavam à sociedade como um todo. Sociólogo e livre pensador da teoria geral do crime e da delinquência, Sutherland contestou o pensamento vigente naquele período, principalmente as teorias lombrosianas, asseverando que a diferença em taxas de crime não poderia ser atribuída às diferenças raciais, salvo se fossem comparados, por exemplo, negros e brancos de um mesmo estrato social, cultural e econômico. No mesmo aspecto, contrariou as teorias acerca dos doentes mentais, afirmando que o número de psicóticos que respeitam a lei deviam ser de centenas de milhares. Prosseguindo em seus estudos e publicações, Sutherland continuou desconstruindo as ideias lombrosianas, inclusive se baseando em outros grandes pesquisadores, como Goring, o qual concluiu que não existe o tipo físico criminoso. Convém pôr em relevo que Sutherland não apenas apontou falhas de outras escolas da criminologia, mas também apontou novos rumos e possibilidades, como os estudos relativos à cifra oculta da criminalidade. Assim, buscando abarcar todos os fatores relativos à criminalidade, independentemente dos estigmas e preconceitos vigentes, trouxe à tona os delitos que são praticados mas não são levados ao conhecimento do Estado, acrescentando que alguns estudiosos entendem que apenas um porcento dos crimes praticados redundam em condenação, isto é, Lombroso cometeu um erro metodológico em seus estudos por deixar de analisar também os delinquentes que "escapam" da persecução penal do Estado, baseando suas pesquisas tão somente nos autores de furtos e/ou crimes desta natureza, deixando de incluir outros criminosos (autores de crimes sexuais, corrupção e estelionato, por exemplo). Percebe-se, portanto, que Sutherland fez transparecer com clareza que o crime deve ser estudado em face de seus aspectos sociais, jurídicos, históricos e filosóficos, de forma concatenada, e que este estudo deveria ser ainda mais rigoroso por ocasião da definição de políticas públicas criminais, além de ampliar o estudo para toda a comunidade envolvida neste campo.

contrapartida, advertiu que crimes com muito menos lesividade podem ser considerados intoleráveis pela sociedade, como um furto.

Frise-se que, no Brasil, também se pode aferir que determinadas condutas não são criminalizadas ou o são de forma muito branda, em função de quem detém o poder político e/ou econômico, possuindo capacidade de influenciar o legislador que elabora as normas, permitindo que determinado grupo (com força política) criminalize as condutas de outro(s) grupo(s), como sustentava Sutherland.

Quanto ao mesmo gênero de evento danoso, de lesões milionárias aos cofres públicos, veem-se também os fatos descobertos no escândalo *Swiss-Leaks*, resultante de uma investigação jornalística que verificou "um gigantesco esquema de evasão fiscal que teria sido operado com o conhecimento e encorajamento do banco multinacional britânico HSBC, através de sua subsidiária suíça, o HSBC Private Bank (Suíça)."[135]

Cite-se, também, o escândalo que ficou conhecido como *Panama Papers* (Documentos do Panamá), em que "um conjunto de 11,5 milhões de documentos confidenciais da sociedade de advogados panamenha Mossack Fonseca fornecem informações detalhadas de mais de 214.000 empresas de paraísos fiscais *offshore*." Segundo informações do Consórcio Internacional de Jornalistas Investigativos (*International Consortium of Investigative Journalists* - ICIJ), foram "[...] mencionados chefes de estado em exercício de cinco países, [...] para além de outros responsáveis governativos, familiares e colaboradores próximos de vários chefes de governo de mais de outros quarenta países."[136]

---

[135] "Os jornalistas revelaram que 180,6 bilhões de euros foram movimentados em contas mantidas no HSBC, em Genebra, por mais de 100.000 clientes e 20.000 empresas *offshore*, entre novembro de 2006 e março de 2007. Os dados desse período se originam de arquivos roubados do *HSBC Private Bank* por um ex-funcionário, o engenheiro de software Hervé Falciani. [...] Em fevereiro de 2015, o website do *International Consortium of Investigative Journalists* (ICIJ) divulgou a informação sobre as contas na Suíça, com o título de *Swiss Leaks: Murky Cash Sheltered by Bank Secrecy* (Swiss Leaks: Dinheiro escuso protegido pelo sigilo bancário).[...] O número de clientes residentes no Brasil chega a 8.867 e são titulares de 6.606 dessas contas do HSBC, cujo saldo total, no final de 2013, estava em torno de 7 bilhões de dólares. [...] O Brasil é o 4º país em número de clientes envolvidos." Disponível em: <https://pt.wikipedia.org/wiki/Swiss_Leaks>; <https://www.icij.org/project/swiss-leaks/new-countries-seek-hsbc-data-and-undeclared-cash> e <https://www.icij.org/project/swiss-leaks/100000-clients-100-billion-swiss-leaks-data>, acessados em maio de 2017.

[136] "O recurso a empresas *offshore* não é por si só ilegal nas jurisdições em que estão registradas.

O Consórcio Internacional de Jornalistas Investigativos (ICIJ) também divulgou informações sobre o *Luxembourg Leaks*, um escândalo financeiro que revelou, em novembro de 2014, "os detalhes das operações secretas de 343 grandes empresas transnacionais para evitar o pagamento de tributos."[137]

No entanto, durante a investigação os jornalistas verificaram que algumas das companhias de fachada mencionadas nos documentos podem ter sido usadas para fins ilegais, incluindo fraude, tráfico de drogas e evasão fiscal. O conjunto de documentos [...] abrange um intervalo de tempo entre a década de 1970 e o início 2016, foi enviado por uma fonte anónima para o jornal alemão *Süddeutsche Zeitung* em 2015 e, posteriormente, [...] foram distribuídos e analisados por cerca de quatrocentos jornalistas em 107 órgãos de comunicação social em mais de oitenta países. [...] são nomeados funcionários do governo e familiares de vários líderes mundiais de diversos países, entre os quais da Argélia, Angola, Argentina, Azerbaijão, Botsuana, Brasil, Camboja, Chile, China, República Democrática do Congo, República do Congo, Equador, Egito, França, Gana, Grécia, Guiné, Honduras, Hungria, Islândia, Índia, Itália, Costa do Marfim, Cazaquistão, Quénia, Malásia, México, Marrocos, Malta, Nigéria, Paquistão, Palestina, Panamá, Peru, Polónia, Rússia, Ruanda, Senegal, África do Sul, Arábia Saudita, Coreia do Norte, Espanha, Síria, Reino Unido, Venezuela e Zâmbia. [...] Na lista de clientes da Mossack Fonseca estão alguns políticos brasileiros pertencentes a vários partidos, entre eles o PMDB, o PSDB, PDT, PP, PDT, PSB, PTB e PSD. [...] Os Panamá Papers revelaram também o nome de ex-ministro do Supremo Tribunal Federal [...] e que pelo menos 57 pessoas investigadas na Operação Lava Jato abriram mais de 100 empresas *offshore*." Disponível em: <https://pt.wikipedia.org/wiki/Panama_Papers>; <https://panamapapers.icij.org/> e <https://panamapapers.icij.org/20160403-panama-papers-global-overview.html>. Acessados em maio de 2017.

[137] "O escândalo foi revelado por 80 jornalistas de 36 países, que analisaram documentos obtidos pelo Consórcio Internacional de Jornalistas Investigativos (ICIJ), mostrando que as empresas economizaram bilhões de dólares que deveriam ser pagos em tributos. [...] As operações contaram com o apoio do governo de Luxemburgo e estão causando indignação na Europa porque causaram grandes prejuízos econômicos aos demais membros da União Europeia em favor das grandes empresas transnacionais em um momento de crise da economia mundial: 'A estrutura em Luxemburgo é uma forma de dilapidar a receita tributável de qualquer país em que possa ser gerada.' Os acordos secretos entre as empresas e as autoridades de Luxemburgo foram intermediados pelas "4 Grandes" empresas de auditoria internacional. *Pricewaterhousecoopers, KPMG, Ernst & Young* e *Deloitte* são os principais artífices de um grande sistema que oculta o desvio de recursos usando paraísos fiscais como Luxemburgo. Dentre as companhias mencionadas destacam-se grandes corporações transnacionais como *Cargill, Citigroup, GlaxoSmithKline, Volkswagen, McGrawHill, British American Tobacco, Reckitt Benckiser, Timberland, General Electric, Credit Suisse, Pepsi, Ikea, Accenture, Burberry, Procter & Gamble, Heinz, JP Morgan, FedEx, Abbott Laboratories, Amazon, Deutsche Bank, Apple, Verizon, Vodafone, Gazprom, HSBC e Macquarie Bank*. Várias grandes empresas que fazem negócios no Brasil estão

E este tipo de jornalismo investigativo também já trouxe importantes subsídios para a persecução dos criminosos econômicos (tanto do ponto de vista penal quanto para a finalidade de exigir o pagamento de valores sonegados do Fisco) no mundo inteiro.

Na França, por exemplo, Jean Cosson lançou um livro sobre a indústria da fraude fiscal (*Les industriels de la fraude fiscale*) em 1971, descrevendo vários métodos de evasão fiscal e estimando em bilhões de francos os valores fraudados em prejuízo do Erário Público, após mais de uma década de pesquisa em grandes e pequenas empresas daquele país. Esta obra, inclusive, foi uma das principais causas de um plano adotado pelo governo francês para fazer frente aos delitos tributários, aumentando consideravelmente o número de investigações fiscais e ações judiciais por fraude fiscal, embora posteriormente Jean Cosson tenha criticado publicamente o fato de que somente os pequenos fraudadores tenham sido responsabilizados (COSSON, 1971, p. 251).

Sem sombra de dúvidas, esses crimes com cifras astronômicas causam danos de enorme monta à ordem econômica, à arrecadação do Estado (e consequentemente inviabilizam o adequado cumprimento das atribuições constitucionais e programas sociais prestados por este), refletindo na queda da qualidade de vida (e na dignidade da pessoa humana) em diferentes estados e países, ou mesmo em regiões inteiras do globo. Do mesmo modo, condutas criminosas relativas a sonegações tributárias com valores menores, quando somadas, também representam cifras elevadíssimas, ou seja, um evidente e considerável dano às obrigações (inclusive prestacionais) a serem adimplidas pelo Estado.

Do exposto, revela-se adequada e necessária a tutela penal dos bens jurídicos mediatamente protegidos pela tipificação dos crimes contra a ordem tributária, face à dignidade destes bens, como aponta Anabela Rodrigues (2001, p. 181-191):

envolvidas. Os dois maiores bancos privados brasileiros, Bradesco e Itaú Unibanco S/A, têm sido os mais mencionados devido aos seus grandes lucros. Juntos, evitaram o pagamento de 200 milhões de reais de tributos em 2009. Outras empresas transnacionais mencionadas e que atuam no Brasil são: Companhia Brasileira de Distribuição, *Cliffs Natural Resources*, DDR Corp., Intelsat, *Navistar International, Caterpillar Inc.* e *Tyco International*." Disponível em: <https://pt.wikipedia.org/wiki/Luxemburgo_Leaks>; < https://www.icij.org/project/luxembourg-leaks> e < https://www.icij.org/project/luxembourg-leaks/luxembourg-leaks-stories-around-world>, acessados em maio de 2017.

É sabido que ao Estado hoje cabe assegurar ao cidadão não só a liberdade de ser como a liberdade para ser. E a satisfação de prestações necessárias à existência do indivíduo em sociedade deve ser garantida pelo Estado ao mesmo nível que a *protecção dos seus direitos fundamentais*, quando estiver em causa *a lesão ou perigo de lesão dos interesses ou valores aí contidos* – o que vale por dizer, ao *nível penal*. Bens jurídicos dignos desta protecção são, na verdade, tanto aqueles que surgem como *concretização de valores jurídico-constitucionais ligados aos direitos sociais e à organização econômica, como os que surgem como concretização de valores ligados aos direitos, liberdades e garantias*. [...] Com isto, é inequivocamente o critério político-criminal da necessidade que se reconhece como critério decisivo legitimador da criminalização de comportamentos que implicam fuga ilegítima ao Fisco." (Grifou-se).

De fato, nos Estados contemporâneos, de matiz social, com elevada carga de atribuições (voltadas principalmente para a proteção de desfavorecidos), há a necessidade de proteção penal do bem jurídico sob análise, principalmente quando se tratam de delitos fiscais que chegam aos milhões (ou mesmo bilhões) de reais de fraude em desfavor do Erário Público, bem como das funções sociais e de desenvolvimento a cargo do Estado.[138]

Nesse vértice, como leciona Germano Marques da Silva (2018, p. 32-35), algumas funções do Estado se apresentam como verdadeiros instrumentos para a realização da pessoa enquanto ser social, especialmente através da função tributária, cujos recursos arrecadados são utilizados pelo Estado para satisfazer as tarefas que lhe foram atribuídas pela Constituição. Prosseguindo, o jurista português conclui:

---

[138] Tratando da criminalidade econômica e dos delitos de colarinho branco, entre os quais se encontram os crimes tributários, Renato Velloso (2007, p. 237-238) ressalta que é de vital importância utilizar meios (inclusive penais) para sua prevenção, anotando que "[...] as sociedades já desenvolvidas ou em desenvolvimento econômico representam o terreno mais propício à atuação da macrocriminalidade, que atinge os seus objetivos recorrendo à ardilosidade, às 'brechas' legais e às fraudes, ou ainda, ao suborno [...]." Ao depois, acrescenta que os crimes perpetrados por esta "criminalidade dourada" representam "[...] um típico exemplo de macrodelitos, uma vez que atingem uma parcela considerável da população, e no qual os indivíduos que praticam essa espécie de delito não se utilizam de qualquer tipo de violência, ou a utilizam raramente, tendo eles elevado *status* sócio econômico, ignorando tranquilamente a legislação para aumentar os lucros de suas atividades ocupacionais, principalmente aquelas relativas ao gerenciamento de negócios e empresas."

O imposto não é mais o tributo devido ao soberano e símbolo de sujeição; é agora, nas sociedades democráticas, um atributo da cidadania, o preço de pertencer a uma comunidade, à comunidade constituída em Estado de direito democrático, é manifestação do dever de solidariedade dos cidadãos para com a comunidade que constituem. Por isso também a justificação para a tutela penal dos deveres tributários, punindo os atos mais graves de violação do dever de solidariedade. [...] Para além da dimensão física do bem jurídico ofendido pelo crime tributário, há ainda que considerar esse bem como veículo ou meio de realização de um bem comunitário (público) prosseguido pela política tributária e que representa o *quid pluris* de desvalor a respeito dos crimes lesivos do patrimônio dos privados.

Ressalta-se, ainda, que também o direito a uma ordem econômica e financeira saudável envolve direta e indiretamente a proteção a direitos fundamentais, incluindo uma vida com um mínimo de dignidade (inclusive para os menos afortunados) através do Estado.

Saliente-se, portanto, a necessidade de uma adequada instrumentalização do Estado para fazer frente à alta criminalidade financeira e econômica, dos chamados "crimes de colarinho branco" ou "delitos de cavalheiros", principalmente os crimes fiscais, a lavagem de dinheiro e o reiterado emprego de paraísos fiscais em suas transações.

Estas infrações se tornaram evidentes no Brasil, principalmente após o Congresso Nacional brasileiro autorizar a repatriação de bens situados no exterior que não haviam sido informados à Secretaria de Receita Federal, isentando esses contribuintes de sanção criminal, pois foram declarados aproximadamente cento e setenta bilhões de reais que não haviam sido reportados ao Fisco brasileiro.[139]

---

[139] Em reportagem de 02.11.2016, do Portal Brasil, restou consignado: "[...] A Receita Federal arrecadou R$ 50,9 bilhões em impostos e multas com a regularização de ativos do exterior. O valor dos ativos regularizados chegou ao montante de R$ 169,940 bilhões, segundo o órgão. [...] O total de pessoas físicas que fizeram a declaração foi de 25.011 e de pessoas jurídicas, 103." Disponível em: <http://www.brasil.gov.br/economia-e-emprego/2016/11/governo-federal-ficara-com-r-38-5-bilhoes-de-recursos-da-repatriacao>, acessado em junho de 2017.

## 4.1 O Bem Jurídico Protegido pela Tipificação dos Crimes Contra a Ordem Tributária

Após séculos de avanço dos entendimentos sobre o direito penal e sua aplicação, estabeleceu-se doutrinariamente, de forma sólida, que em um Estado Democrático de Direito digno deste nome, somente os bens jurídicos mais importantes para a sociedade podem ser protegidos de forma legítima pela legislação criminal.[140] De fato, em suma, o bem jurídico é o próprio ponto de partida para a criação de um tipo penal, reconhecendo-se que as normas penais devem ter por objetivo garantir aos indivíduos uma coexistência pacífica e com liberdade, com uma adequada (nem excessiva nem deficiente) proteção aos direitos fundamentais.

Em importante estudo sobre o tema, Roxin (2009, p. 18-20) define os bens jurídicos como "[...] circunstâncias reais dadas ou finalidades necessárias para uma vida segura e livre, que garanta todos os direitos humanos e civis de cada um na sociedade ou para o funcionamento de um sistema estatal que se baseia nestes objetivos." Após, o jurista alemão acrescenta que o conceito de bem jurídico jamais pode ser limitado ao bem jurídico individual, pois também abarca os bens jurídicos coletivos.[141]

Nesse rumo, como este estudo analisa os delitos fiscais, precisa-se identificar, enfim, qual é o bem jurídico protegido pela tipificação do direito penal tributário.

Há uma respeitável corrente doutrinária sustentando que o bem jurídico tutelado é o patrimônio público, cuja integridade precisa ser protegida

---

[140] O penalista germânico Roxin (2009, p. 15-20), partidário desta corrente, cita como defensores deste ponto de vista Hassemer, para quem proibir um comportamento sob ameaça punitiva sem justificativa num bem jurídico seria terror estatal, e Schünemann, o qual assevera que renunciar ao princípio da proteção de um bem jurídico na seara penal equivaleria a um retrocesso do Direito Penal a um patamar anterior à fase da ilustração. Neste viés, Roxin anota que o princípio de proteção ao bem jurídico mostra ao legislador "as fronteiras de uma punição legítima."

[141] O jurista Roxin (2009, p. 18-20) sustenta que mesmo o dever de pagar impostos, tão detestado pelos cidadãos, não busca o enriquecimento do Estado, tratando-se de um gravame que financia a atuação do Estado em prol dos indivíduos. Alerta, ainda, quanto à importância dos bens jurídicos relativos às funções estatais, entendidos como "[...] realidades vitais cuja diminuição prejudica, de forma duradoura, a capacidade de rendimento da sociedade e a vida dos cidadãos."

pelo Estado. Em pesquisa com ampla referência bibliográfica, Martínez Buján-Pérez (1998, p. 56) observa que esta corrente patrimonialista é a majoritária na doutrina e na jurisprudência alemãs (quanto ao crime de fraude fiscal previsto no § 370 da *Abgabenordnung*), reconhecendo que a doutrina germânica ainda aponta o bem jurídico protegido como o interesse do Estado no ingresso completo e tempestivo dos tributos, muito embora não exijam uma efetiva lesão da pretensão tributária ou prejuízo efetivo ao ingresso fiscal para a configuração do delito, sendo considerado, portanto, como um crime de perigo concreto (MARTÍNEZ BUJÁN-PÉREZ, 1995b, p.154). Por seu turno, Tipke (2014, p. 595-6) ainda acrescenta que, além da arrecadação pontual e completa dos tributos, o bem jurídico em questão também se refere à proteção do patrimônio dos contribuintes honestos, pois quanto maior for o número de sonegadores, maior será a necessidade de exigir mais tributos dos demais contribuintes solidários para o financiamento do Estado.[142]

Quanto ao sistema português, Susana Aires de Sousa (2009, p. 299-301) sustenta que o objeto de tutela dos delitos fiscais penais "[...] coincide com o património fiscal do Estado, *rectius*, com o conjunto das receitas fiscais de que o Estado é titular." A jurista acrescenta que se trata de um "[...] elemento que integra o património estadual, mas com uma autonomia própria, decorrente de um regime especial (fiscal) que lhe confere uma unidade de sentido."

Assim, o bem jurídico protegido seria a obtenção das receitas fiscais, pertencente a todos os indivíduos da sociedade, gerido pelo próprio Estado para alcançar os objetivos econômicos e sociais fundamentais para a comunidade, cuja utilidade beneficia a todos, sem exclusões. A autora reconhece que esses recursos são finitos e que são consumidos

---

[142] Para Echavarría Ramírez (2014, p. 04:21), ao analisar a necessidade e a legitimidade da proteção penal nos delitos tributários, bem como os efeitos de uma tutela penal insuficiente, a "[...] *necesidad de protección está avalada por los daños que origina el incumplimiento de los deberes tributarios tanto en materia económica, como también el efecto desmoralizante que el incumplimiento de los deberes tributarios puede ocasionar en los deudores que cumplen con sus obligaciones tributarias. A su vez, el incumplimiento de los deberes tributarios puede tener como consecuencia que empresarios o comerciantes quedan en situación de desventaja económica para competir con sus pares, al incumplir éstos sus obligaciones tributarias, lo cual les significa contar con recursos que sus competidores destinan a la correcta satisfacción de los créditos tributarios, lo que podría tener como consecuencia que los competidores sigan el ejemplo de quienes no cumplen sus deberes tributarios, generándose un efecto multiplicador del fraude.*"

ao longo do exercício fiscal, e que os contribuintes sabem que a sua não cooperação (ou não pagamento dos tributos que lhes cabem) lhes permite obter proveitos do bem comum sem contribuir para a formação do mesmo. Assim, a jurista entende que o bem protegido pelos delitos tributários é o conjunto das receitas fiscais que compõem o ativo do patrimônio fiscal do Estado, em que a conduta defraudatória de cada contribuinte diminui as receitas fiscais ou mostra-se apta a diminuí-las. Entende Susana Aires de Sousa, ainda, que assim como uma conduta que lesione o patrimônio de um bilionário, mesmo que seja de um valor não significante diante do patrimônio total da vítima, "[...] não deixa de poder constituir um crime de furto, ou um crime de burla [...] também o não pagamento fraudulento ou a redução indevida de impostos não deixa de constituir um acto lesivo do património fiscal." (SUSANA AIRES DE SOUSA, 2009, p. 299-301)

Conforme Martínez Buján-Pérez (1998, p. 56), a corrente patrimonialista também prepondera na Espanha, com o que concordam Miguel Bajo e Silvina Bacigalupo, em outro importante estudo sobre a matéria (2010, p. 271-272).

Entretanto, segundo esta compreensão puramente patrimonialista, o Estado teria quase que somente uma relação contratual com o cidadão, ou seja, um direito de crédito perante o contribuinte inadimplente, sem levar em conta outros deveres jurídico-tributários, como o dever de apresentar declarações e dados, submeter-se a fiscalizações e prestar informações.

Desse modo, como o conceito patrimonialista de bem jurídico manifesta o entendimento privatístico de que a relação entre o Estado Fiscal e o contribuinte seria quase que de direito civil (contratualista), sem conseguir justificar o alcance, a gravidade e os fundamentos das incriminações penais tributárias, que vão muito além do prejuízo patrimonial, surgiram os modelos funcionalistas, visando à definição do bem jurídico protegido pelos crimes fiscais.

Com efeito, devido à forte matiz social que os Estados possuem atualmente, inclusive o Brasil, os tributos arrecadados não representam simples conteúdo material ou patrimonial, pois possuem vinculação com as funções que o Estado deve cumprir em prol da sociedade e de um mínimo existencial para uma vida digna, isto é, as prestações sociais relativas à saúde, educação, moradia, alimentação, trabalho e outros.

Assim, surgiram diversos modelos funcionalistas visando a estabelecer o bem jurídico tutelado pelas previsões penais tributárias, cabendo citar as principais.

A corrente doutrinária que entende que a estrutura econômica e tributária em que se assenta o Estado é o bem jurídico protegido pela previsão dos delitos fiscais, associa o crime tributário aos delitos econômicos, como cita o tratadista germânico Klaus Tiedemann (2010, pp. 263-279). Conforme esta concepção, as condutas delituosas que atentam contra a arrecadação fiscal comprometem o próprio sistema econômico. Argumentam seus defensores que o Estado, quanto à política fiscal, utiliza-se da tributação não somente para arrecadar valores destinados ao cumprimento das atribuições previstas (função arrecadatória), mas também para incentivar a produção, a circulação e o desenvolvimento, controlar a inflação, desestimular comportamentos nocivos à saúde e ao meio ambiente (finalidade regulatória ou extrafiscal), além de promover a redistribuição de renda e a assistência social.

Entre os doutrinadores brasileiros, sobressai-se Hugo de Brito Machado (2008, p. 23) como defensor dessa corrente, ao afirmar que nos crimes contra a ordem tributária "[...] o bem jurídico protegido é a ordem tributária e não o interesse na arrecadação do tributo." Este jurista define a ordem tributária como o conjunto de normas jurídicas referentes à tributação, que tem, inclusive, a função de garantir a própria existência do Estado, concluindo que "[...] a ordem tributária, como objeto do interesse público primário, é que resta protegida pelas normas que definem os crimes em estudo [...]."

Outros tributaristas adotam um modelo funcionalista que se baseia no dever de obediência, segundo o qual não há bem jurídico protegido pelos crimes fiscais, os quais tutelariam somente o dever formal de obedecer às regras impostas pelo Estado (enquanto poder de império absoluto e abstrato), que todos os cidadãos estariam obrigados a cumprir. Tratar-se-ia, portanto, de um simples dever de obediência, sem qualquer valor substancial. Ao citar esta corrente, Susana Aires de Sousa (2009, p. 286) afirma que seus defensores alegam que os delitos fiscais possuem uma função de proteção puramente formal das normas tributárias, e que às infrações penais fiscais não corresponderia nenhuma conduta socialmente reprovável. Trata-se, em verdade, de uma corrente aplicável somente em um Estado de viés autoritário, regulando os comportamentos e atitudes internas através do dever de obedecer àquela que seria uma "vontade coletiva personificada na vontade do Estado", muito utilizada pelo nacional-socialismo nazista, como advertem Bitencourt e Monteiro (2013, p. 32-33). Em outros dizeres, atualmente esta corrente não encontra legitimidade jurídica, pois qualquer incriminação penal deve ser respaldada pelas previsões constitucionais e pelos valores mais caros de uma sociedade em um Estado Democrático de Direito, e não pelo puro arbítrio do Estado.

Há quem defenda que o dever de colaboração, lealdade e transparência na relação entre o Estado e o cidadão é o bem jurídico sob proteção penal, tratando-se de teoria com forte inspiração contratualista, amparando-se no dever de informação do contribuinte para com as autoridades fazendárias (através de um proceder ético, baseado na boa-fé e na veracidade recíprocas), conferindo mais destaque "[...] à violação dos deveres administrativos de cooperação e auxílio do contribuinte [...] do que com o fato de receitas tributárias estarem sendo subtraídas fraudulentamente da sua verdadeira serventia", como explica Xerez (2017, p. 143) ao traçar algumas características dessa postura doutrinária. Assim, esta doutrina revela-se por demais vaga, além de reduzir os delitos fiscais a mero crime de desobediência.

Para outros autores, como Pérez Royo (1986, p. 64), o bem jurídico protegido por todos os delitos fiscais é a função tributária, vista como uma função administrativa voltada para a arrecadação para a Fazenda Pública, contendo um conjunto de deveres e direitos tanto para o Fisco quanto para o contribuinte. Trata-se, em resumo, do "[...] interesse público na aplicação correta das normas tributárias [...]", como relata Susana Aires de Sousa (2009, p. 269) ao descrever esta corrente. Entretanto, o bem protegido se revela muito genérico, dificultando ou impossibilitando a verificação segura da lesão ao bem jurídico. Sánchez Rios (1998, p. 48) ainda alerta que eventual conduta típica do delito fiscal não coloca em risco as funções do tributo.

Há também a corrente funcionalista que professa que o bem jurídico protegido é a função social dos tributos, de caráter transindividual. Segundo Xerez (2017, p. 146), o bem protegido compreende "[...] as inúmeras funções que são desempenhadas pelo tributo em uma sociedade fundada no Estado Democrático e Social de Direito." Este autor acrescenta que o bem jurídico sob tutela seria o cumprimento de todas as funções sociais do Estado, realizadas através dos tributos, mediante "[...] a repartição justa dos ônus entre todos os contribuintes, respeitando-se a capacidade contributiva de cada indivíduo, projetando o desenvolvimento da vida em sociedade e a execução das atividades a cargo do Estado Democrático."

Nessa linha, Prado (2013, p. 261-263) sustenta que a tutela penal nos delitos fiscais é justificada pela natureza supra-individual do bem jurídico, pois as receitas tributárias fornecem os recursos necessários para o atendimento das necessidades sociais, asseverando que a sociedade transferiu os seus poderes para o Estado em troca da "[..] busca da satisfação ampla, geral e irrestrita do bem-estar individual e coletivo [...]", devendo o Estado (na ordem econômica, social e tributária) ser um instrumento para que a sociedade alcance este objetivo. Prado conclui (2013, p. 261-263) que "[...] todos os recursos arrecadados se destinam a assegurar finalidade inerente ao Estado democrático e social de Direito, de modo a propiciar melhores condições de vida a todos [...]".

Entretanto, embora esta seja a doutrina com melhor adequação ao que se entende como um Estado Social e Democrático de Direito, também utiliza objeto vago e impreciso para definir o bem jurídico tutelado penalmente, somando-se ao fato de que a conduta realizada isoladamente não tem o condão de lesionar as funções exercidas pelos tributos no Estado Social, o que somente poderia ser caracterizado se o montante global de sonegações alcançasse valores tão altos que pudessem limitar a capacidade financeira do Estado (SUSANA AIRES DE SOUSA, 2009, p. 285).

Desse modo, expostas as correntes anteriores, com relação ao tema, entendemos que os delitos fiscais são pluriofensivos, agredindo distintos bens jurídicos, ou seja, não somente atingem o patrimônio da Fazenda Pública (com toda objetividade e concretude que encerra), mas também a função social dos tributos, que viabilizam os programas sociais voltados para a concretização dos mais diversos direitos fundamentais e o cumprimento das demais atribuições constitucionais a cargo do Estado.

Nesse diapasão, Martínez Buján-Pérez (1995a, p. 25) assevera que o bem jurídico imediatamente protegido pelos delitos fiscais é o patrimônio da Fazenda Pública, concretizado na arrecadação tributária, existindo também o bem jurídico tutelado mediato ou imaterial, representado pelas funções que os tributos devem cumprir.[143]

---

[143] Conforme Ferré Olivé (2014, p. 36), há dois níveis de bens jurídicos nos delitos econômicos, sendo o primeiro imediato ou técnico, suscetível de ser posto em perigo ou lesionado, e o segundo mediato ou genérico, servindo como fundamento para a intervenção penal.

Por seu turno, Hernán Laporta (2013, p. 75) também afirma que se trata de delito pluriofensivo, protegendo "[...] uma constelação de bens jurídicos enorme [...]", com uma imediata afetação à função estatal de percepção, verificação e controle tributário e, ao mesmo tempo, uma agressão mediata ao patrimônio do Estado entendido de modo dinâmico.

Nesse viés, reproduz-se o afirmado por Eisele (2001, p. 11-12), pela absoluta propriedade com a qual listou os principais bens jurídicos mediatamente protegidos pela tutela penal nos crimes contra a ordem tributária:

> Por esse motivo, quando o Direito Penal protege o patrimônio público expresso pela receita pública, confere tutelas indiretas a diversos interesses, entre os quais se pode relacionar, de forma exemplificativa, os seguintes:
>
> a) a solidariedade tributária, que é expressão da igualdade de sujeitos, proporcionalmente implementada pela regra da capacidade contributiva;
>
> b) a igualdade das condições no exercício da competição mercantil;
>
> c) a estrutura institucional do Estado, viabilizadora da prestação das tutelas sociais que lhes são constitucionalmente conferidas;
>
> d) a função administrativa estatal de arrecadação tributária, assim como a eficácia dos instrumentos utilizados para tal finalidade;
>
> e) a qualidade de vida dos indivíduos beneficiários das prestações estatais de cunho social;
>
> f) a base cultural dos integrantes da sociedade, referente à consciência acerca da importância do respeito ao patrimônio público, considerado como instrumento de implementação efetiva do Estado Social e Democrático de Direito.

Conclui-se, portanto, que esta interpretação, quanto à pluriofensividade presente nos delitos fiscais, permite preservar os princípios penais para fins de imputação da pena evidentes na doutrina patrimonialista (quanto à lesividade, individualização da conduta, dolo do autor e aplicabilidade do princípio da bagatela), sem descurar do relevante papel dos tributos na consecução das políticas públicas de concretização dos direitos fundamentais (XEREZ, 2017, p. 157).

Por esses motivos, filiamo-nos a esta corrente que sustenta que os crimes tributários são pluriofensivos, tendo como bem jurídico imediatamente protegido o Erário Público e, como bem mediatamente tutelado, as funções cumpridas através dos recursos arrecadados.

## 4.2 Os Princípios da Intervenção Mínima, da Subsidiariedade e da Fragmentariedade do Direito Penal em Face da Extinção da Punibilidade pelo Pagamento

O princípio da intervenção mínima do Direito Penal, embora não positivado expressamente no texto constitucional ou na legislação infraconstitucional, decorre da análise sistêmica da Carta Maior, principalmente dos direitos fundamentais nelas gravados. Tem especial relevância o fato de ser o Brasil uma República fundada na dignidade da pessoa humana, tendo por objetivo a construção de uma sociedade livre, justa e solidária. De outro giro, também os tratados internacionais têm feito alusão ao princípio da intervenção mínima, especialmente a "Declaração Universal dos Direitos do Homem"[144] e as "Regras mínimas das Nações Unidas para a elaboração de medidas não privativas de liberdade", conhecidas como "Regras de Tóquio".[145] Ademais, os doutrinadores brasileiros reconhecem a intervenção mínima como um princípio do Direito Penal, sendo indiscutível atualmente a sua pertinência e aplicabilidade.

Desse modo, o Direito Penal, principalmente num Estado Social e Democrático de Direito (cujos contornos estão longamente transcritos no texto constitucional), deve ser utilizado somente quando for absolutamente necessário, para tutelar somente os mais importantes bens jurídicos de uma sociedade, com o fim de evitar graves ataques a estes.

Repita-se, então, com base no funcionalismo teleológico de Roxin (2002), que a função da legislação criminal é proteger os bens jurídicos essenciais de uma sociedade. Portanto, como o Direito Penal é a forma mais violenta que o Estado utiliza no seu relacionamento com os cidadãos, para a garantia da paz social e de uma vida digna para todos, restringindo direitos fundamentais como a liberdade (uma vez que o encarceramento é a pena mais comumente utilizada na seara criminal), logicamente deve obedecer ao princípio da intervenção mínima da legislação criminal, pois

---

[144] A Declaração Universal dos Direitos do Homem prevê: "[...]Artigo 29 [...] II) No exercício de seus direitos e liberdades, todo o homem estará sujeito apenas às limitações determinadas pela lei, exclusivamente com o fim de assegurar o devido reconhecimento e respeito dos direitos e liberdades de outrem e de satisfazer as justas exigências da moral, da ordem pública e do bem-estar de uma sociedade democrática."
[145] Entre as "Regras de Tóquio, consta: "[...] 2.6. As medidas não privativas de liberdade devem ser aplicadas de acordo com o princípio da intervenção mínima."

quando restringe um direito considerado essencial, somente pode fazê-lo, por óbvio, para proteger outro direito fundamental tão ou mais importante.

Efetivamente, como aponta Lopes Jr. (2015, p. 31), ao tratar deste importante princípio da dogmática penal, "[...] o que necessita ser legitimado e justificado é o poder de punir, é a intervenção estatal e não a liberdade individual [...] amplamente consagrada no texto constitucional e tratados internacionais [...]".[146]

No mesmo sentido, Bitencourt (1995a, p. 121) acrescenta, de forma sintética, que este princípio da intervenção mínima (ou *ultima ratio*), "[...] orienta e limita o poder incriminador do Estado, preconizando que a criminalização de uma conduta só se legitima se constituir meio necessário para a proteção de determinado bem jurídico".

Em outra obra, Bitencourt também anota que a incriminação não é nem adequada nem necessária quando outras formas de controle social (como o direito civil ou administrativo) oferecem proteção suficiente ao bem, repetindo que a legislação criminal deve ser a *ultima ratio*, ou seja, "[...] deve atuar somente quando os demais ramos do direito revelarem-se incapazes de dar a tutela devida a bens relevantes na vida do indivíduo e da própria sociedade." (BITENCOURT, 1995b, p. 32).

No mesmo vértice leciona Nilo Batista (2005, p. 85-90), afirmando que o princípio da intervenção mínima tem como características (ou subprincípios) a fragmentariedade e a subsidiariedade:

> Ao princípio da intervenção mínima se relacionam duas características do direito penal: a fragmentariedade e a subsidiariedade. [...] a fragmentariedade se opõe a 'uma visão onicompreensiva da tutela penal, e impõe uma seleção seja dos bens jurídicos ofendidos a proteger-se, seja das formas de ofensa'. A subsidiariedade do direito penal, que pressupõe sua fragmentariedade, deriva de sua consideração como 'remédio sancionador extremo', que deve, portanto, ser ministrado apenas quando qualquer outro se revele ineficiente; sua intervenção se dá 'unicamente quando fracassam as demais barreiras protetoras do bem jurídico predispostas por outros ramos do direito'. (Grifos do autor).

Percebe-se, portanto, que a legislação criminal deve intervir ao mínimo na esfera das liberdades e demais direitos fundamentais dos cidadãos.

---

[146] Lopes Jr (2015, p. 31) ainda acrescenta que o princípio da intervenção mínima é um importante pressuposto para o Estado Democrático de Direito no qual estamos inseridos.

Quanto à *subsidiariedade*, Jakobs (2008, p. 81-82) afirma que as normas penais somente terão legitimidade quando a sua função não puder ser assumida por outros meios de regulação ou controle social, ou seja, a pena criminal não terá legitimidade se o conflito puder ser resolvido de outro modo. Leciona este autor, ainda, que este princípio da subsidiariedade configura a "[...] variante penal do princípio constitucional da proporcionalidade, segundo o qual uma intervenção penal não está autorizada se o efeito puder ser alcançado da mesma forma por meio de uma medida menos incisiva."

O Direito Penal também possui caráter fragmentário, o que significa dizer que não deve atuar em qualquer lesão a bens jurídicos, mas somente quando houver lesão significativa aos bens jurídicos mais importantes para o tecido social. Desse modo, somente uma pequena parcela (ou fragmento) das ações dos cidadãos será objeto de tratamento (ou de previsão) pela legislação criminal.[147]

Assim, crê-se que o instituto da extinção da penal pelo pagamento a qualquer tempo do débito tributário, como atualmente previsto no ordenamento jurídico brasileiro, contraria de forma veemente o princípio da intervenção mínima.

A uma, por que de acordo com o princípio da intervenção mínima, o Direito Penal só deve atuar para defender os bens jurídicos imprescindíveis para a coexistência pacífica das pessoas, que não podem ser adequadamente protegidos de outra forma (PRADO, 2002, p. 119). Contudo, a conformação atual mantém a ameaça de prisão (que deve ser excepcional), mas evidentemente não previne a agressão ao bem. Muito pelo contrário, estimula o dano ao bem jurídico, quando prevê a liberação da pena pelo simples pagamento do débito apurado, se o infrator for descoberto praticando a conduta delituosa. Em outros dizeres, o legislador deve definir se o bem jurídico imediatamente protegido (Erário Público) e mediatamente protegido (função social e estrutural a cargo do Estado) possuem

---

[147] Conforme Arroyo Zapatero (1998, p. 11), *"El caracter fragmentario del derecho penal es una directriz de política criminal derivada de éste principio según la cual no han de sancionarse todas las conductas lesivas de los bienes que protege, sino sólo las modalidades de ataque más peligrosas para ellos. Se trata de un principio, que se dirige al legislador, en el momento de formular la descripción típica y, seguidamente, al juez qui en invocándolo puede apartarse de una interpretación formal del tipo, considerando atípicas un determinado género de conductas que sólo lesionan de modo insignificante al bien jurídico protegido."*

ou não dignidade penal. Em sendo positiva a resposta, a agressão dolosa aos bens protegidos não pode gozar de impunidade.

A duas, a lei penal somente poderá intervir quando for absolutamente necessária para a sobrevivência da sociedade e na medida em que puder ter eficácia (PRADO, 2002, p. 119), ou seja, novamente vai muito mal o legislador pátrio, pois obliquamente passa ao sonegador contumaz a mensagem de que este poderá sonegar, praticar repetidamente esta conduta nociva ao tecido social, pela qual não será sancionado penalmente. No mesmo vértice, transmite ao contribuinte a sensação de que deverá pagar tributos (e eventuais multas) com base nos valores dos fatos geradores que o Fisco e demais órgãos públicos puderem comprovar, e não com base na totalidade dos fatos geradores havidos, os quais poderão ser acobertados. Então pergunta-se: Qual é a eficácia de uma norma que estimula a sonegação e impede a correspondente punição do infrator?! Em vez de estimular a apresentação de fatos ocultos, estimula a sonegação de toda e qualquer informação que possa resultar em pagamento de tributos.

A três, porque o subprincípio da intervenção mínima, denominado fragmentariedade, estabelece que somente uma pequena parcela das formas de agressão a um bem jurídico, realmente consideradas intoleráveis pela sociedade, devem ser objeto de previsão penal. As demais condutas devem ser consideradas penalmente indiferentes, de modo a evitar o odioso uso excessivo da pena criminal, o que é inadmissível em um Estado Democrático de Direito. Entretanto, ao assegurar a liberação da pena nos crimes tributários sem qualquer outra consequência, nem mesmo impedindo a concessão ao reincidente[148], o legislador claramente expõe uma mentalidade (inaceitável) de que a agressão não possui intensidade e ofensividade dignas de proteção criminal.

A quatro, o instituto da liberação da pena pelo pagamento assume feições totalmente simbólicas (ou de simples retórica), tratando-se de simples previsão de sanção penal com pouca ou nenhuma utilidade. Com efeito, os delitos tributários, diante da forma como facilmente podem os

---

[148] O jurista Nabarrete Neto (1997, p. 788) lança com perspicácia que ocorre "[...] profunda antinomia entre o poder de punir e a possibilidade de afastá-lo mediante a reparação do dano concreto ou projetivo, decorrente de crime fiscal, através do pagamento do tributo ou contribuição social. O poder punitivo não é bem comerciável e torná-lo significa mercantilizar atividade essencial do Estado."

infratores se livrarem da responsabilização penal por meio da extinção da punibilidade, deixam claro que o legislador apenas busca incutir na sociedade a impressão tranquilizadora de que é atento e decidido, de que está promovendo a segurança no seio da comunidade. Agindo desse modo enganador, além de banalizar a punição, leva a descrédito não somente os dispositivos relativos aos crimes tributários, mas principalmente o Fisco, a Polícia Judiciária, o *Parquet* e o Judiciário, impotentes diante das reiteradas agressões ao bem comum.

Por esses motivos, ao escrever sobre a extinção da punibilidade pelo pagamento, Heloísa Salomão (2001a, p. 63-65) assevera que se trata "[...] claramente de intervenção penal de cunho estritamente simbólico e com fins de mero aumento da arrecadação tributária, realizada à revelia dos princípios de intervenção mínima, da proporcionalidade e da isonomia."

Nessa direção, Sylvia Steiner (2001, p. 407) analisa a Lei 10.684/03 e afirma categoricamente que "[...] a legislação mal alinhavada, cheia de atropelos e desconforme com os conceitos clássicos do direito penal e com os princípios básicos que o informam não terá outro efeito que não o de suscitar conflitos judiciais".[149]

De outra banda, Sánchez Ríos (2003, p. 57) reconhece que fins extrapenais, como o aumento da arrecadação, podem estar presentes nas causas de extinção ou liberação da punibilidade tabuladas. Contudo, adverte que "[...] o que se impossibilita é a busca da fundamentação da impunidade exclusivamente em institutos puramente extrapenais."[150]

Desse modo, o princípio da intervenção mínima da legislação criminal foi desrespeitado com o advento de um instituto que prevê a possibilidade de extinção da punibilidade a qualquer tempo, com o simples pagamento antes do trânsito em julgado da condenação criminal, denotando que a política fiscal e criminal utilizada pelo legislador neste caso oferece proteção evidentemente insuficiente e clara opção pela coação fiscal para pagamento do débito.

---

[149] Sylvia Steiner (2001, p. 407) acrescenta que "[...] os conflitos sempre convergem numa única direção: a da consagração da impunidade."

[150] Anotando que detecta as iniciativas dos legisladores para encontrar institutos de reparação diversos da aplicação da penalidade, Sánchez Ríos (2003, p. 133) afirma que "[...] estes institutos devem encontrar uma fundamentação vinculante nos princípios essenciais do direito penal [...]", e não exclusivamente em uma orientação político-fiscal.

## 4.3 A Ofensividade (Lesividade)

O penalista italiano Ferrajoli, amparado em lições de Grócio, Hobbes, Pufendorf, Thomasius, Beccaria e Bentham, anota que as proibições penais e as penas devem ser limitadas às ações verdadeiramente reprováveis em virtude dos seus efeitos lesivos a terceiros, e que somente estes altos custos individuais e sociais (danos a bens jurídicos relevantes de terceiros ou da coletividade) justificam impingir a alguém o custo representado pelas proibições e pela aplicação das penas, pois a liberdade individual, a autonomia de consciência e de moral são a regra nas sociedades democráticas de direito, determinando a tolerância (inclusive jurídica) de toda atitude ou conduta não lesiva a terceiros (FERRAJOLI, 2010, p. 426-427).

Assim, uma vez que se optou pelo entendimento de que o bem jurídico imediato protegido nos delitos fiscais é o Erário Público, e que o bem jurídico mediatamente tutelado é representado pelas funções (constitucionalmente previstas) cuja promoção é financiada pela arrecadação fiscal, deve-se verificar o grau de ofensividade das condutas previstas como crimes tributários.

Assim, embora não descurando da lição de Ruy Barbosa Nogueira (1990, p. 29), no sentido de que o Estado precisa de recursos para cumprir a finalidade de promover o bem comum, e obtém essas receitas principalmente através da imposição tributária, deve-se realizar esta leitura com uma visão sistêmica abrangendo todos os aspectos transdisciplinares que envolvem a questão. Afinal, a partir de qual valor de sonegação (ou de lesão à sociedade e/ou bens jurídicos tutelados) estará configurada ofensividade suficiente para embasar e legitimar uma sanção penal?

Na legislação espanhola, por exemplo, os arts. 305 a 310 da Ley Orgánica 10/1995 (Título XIV do Código Penal), que tratam "de los delitos contra la Hacienda Pública y contra la Seguridad Social", preveem diferentes tratamentos (e sanções) para os crimes fiscais, de acordo com a lesão aos cofres públicos: entre quatro e cinquenta mil euros; acima de cinquenta mil euros até cento e vinte mil euros; acima de cento e vinte mil euros até seiscentos mil euros; e acima de seiscentos mil euros.

Na Itália, embora continuem sendo previstos alguns crimes tributários independentemente do valor sonegado (arts. 2°, 7° e 8° do D. Lgs. n° 74/2000), em sua grande maioria os tipos penais fiscais (arts. 2 a 11) estabelecem um valor mínimo de sonegação para que seja configurada uma conduta penalmente relevante, como: o art. 3° (declaração fraudulenta mediante artifício não previsto no art. 2°), exigindo sonegação superior a trinta mil euros; o art. 4° (declaração infiel), quando o valor sonegado ultrapassar cento e cinquenta mil euros, além de outros requisitos; o art. 5° (declaração omissa) e 10-bis (não recolhimento de impostos retidos), quando o valor sonegado ultrapassar cinquenta mil euros.

Em Portugal, o Regime Geral das Infracções Tributárias, quanto ao crime de fraude fiscal, prevê que este não é punível se a vantagem patrimonial ilegítima for inferior a quinze mil euros.[151]

Quanto ao Brasil, o STF tem reiteradamente decidido que, em se tratando do crime de descaminho (e em alguns casos de outros crimes fiscais), o princípio da bagatela deve ser aplicado quando o valor dos tributos sonegados não ultrapassar o valor de vinte mil reais, em face do estabelecido pelo art. 20 da Lei 10.522/2002, atualizado pelas portarias 75/2012 e 130/2012, ambas do Ministério da Fazenda. Estas normas fixaram o valor mínimo para a promoção de ação de execução fiscal pela Fazenda Nacional.

Quanto a este aspecto, cabe referenciar que este valor de vinte mil reais, utilizado como parâmetro para a aplicação do princípio da bagatela em delitos fiscais, é extremamente diferente (e muito mais alargado) que aquele aplicado aos crimes contra o patrimônio, como o furto (incluindo o qualificado), em que pessoas são punidas com penas de mais de quatro anos de prisão por valores muito inferiores àqueles dos delitos econômi-

---

[151] O RGIT (Regime Geral das Infracções Tributárias) português prevê: "[...] Artigo 103. Fraude. 1 - Constituem fraude fiscal, punível com pena de prisão até três anos ou multa até 360 dias, as condutas ilegítimas tipificadas no presente artigo que visem a não liquidação, entrega ou pagamento da prestação tributária ou a obtenção indevida de benefícios fiscais, reembolsos ou outras vantagens patrimoniais susceptíveis de causarem diminuição das receitas tributárias. A fraude fiscal pode ter lugar por: a) Ocultação ou alteração de factos ou valores que devam constar dos livros de contabilidade ou escrituração, ou das declarações apresentadas ou prestadas a fim de que a administração fiscal especificamente fiscalize, determine, avalie ou controle a matéria colectável; b) Ocultação de factos ou valores não declarados e que devam ser revelados à administração tributária; c) Celebração de negócio simulado, quer quanto ao valor, quer quanto à natureza, quer por interposição, omissão ou substituição de pessoas. *2 - Os factos previstos nos números anteriores não são puníveis se a vantagem patrimonial ilegítima for inferior a (euro) 15.000.* 3 - Para efeitos do disposto nos números anteriores, os valores a considerar são os que, nos termos da legislação aplicável, devam constar de cada declaração a apresentar à administração tributária. (Grifou-se).

cos, como será tratado mais adiante, ao analisar-se o princípio constitucional da isonomia.

Com efeito, a maioria dos ministros entende que o princípio da insignificância poderá ser aplicado, em se tratando de delitos tributários, em crimes cujo valor dos tributos sonegados não ultrapasse o parâmetro para a promoção da execução fiscal pela Fazenda Nacional (vinte mil reais).

Assim, crê-se que há um primeiro parâmetro estabelecido no Brasil (e pacificado no STF) para conceder um pouco de coerência ao sistema penal tributário, se assim pode ser chamado, pois assoberbando de trabalho algumas das estruturas mais caras e relevantes do Estado (Polícia Judiciária, Ministério Público e as mais diversas instâncias do Poder Judiciário), para realizar a persecução criminal contra contribuintes que têm uma enorme probabilidade de ter reconhecida a extinção da punibilidade, o legislador revela incoerência lógica, jurídica e financeira.

Desse modo, uma vez que o tema se encontra aparentemente pacificado no âmbito do Poder Judiciário, face às reiteradas decisões da Corte Máxima no sentido de que o crime tributário de menor monta (como a sonegação de valores abaixo de vinte mil reais) não demonstra ofensividade suficiente para legitimar sua tutela penal, cabe às demais áreas do ordenamento jurídico (principalmente administrativo e fiscal) imporem eventual sanção ao contribuinte faltoso que causou menor dano à sociedade, cumprindo ao legislador retificar essa grave falha que gera tantos dispêndios desnecessários ao Poder Público e à sociedade como um todo.

Ora, em países em desenvolvimento, onde os recursos públicos para investimentos em saúde, segurança e educação já são tão escassos, permitir que seja instaurado um inquérito policial e realizadas várias diligências para apurar uma infração, com a posterior proposta de denúncia pelo Ministério Público, bem como a condução de processo judicial no âmbito do Poder Judiciário (rotineiramente em mais de uma instância), mesmo com a matéria pacificada no âmbito do Supremo Tribunal Federal, representa um desperdício antidemocrático e irracional. Apresenta-se, assim, como uma inércia do Estado-legislador extremamente custosa para a sociedade, tanto em recursos públicos quanto em desprestígio para essas precitadas instituições, envolvidas nas apurações e julgamentos criminais.

## 4.4 O Estímulo à Sonegação Segundo a Análise Econômica do Direito

A isenção da pena pelo pagamento do débito fiscal, definida em nossa política fiscal e penal, agracia o sonegador com um prêmio, pois o contribuinte que pratica uma fraude que resulte em rombos de bilhões de reais em prejuízo aos cofres públicos, pode ser liberado das sanções penais. Para alcançar este objetivo, precisará tão somente pagar o débito fiscal às vésperas de uma condenação penal iminente (ou mesmo após a condenação definitiva, segundo alguns julgados da Segunda Turma do STF e do STJ).

Desse modo, é importante examinar os delitos fiscais e a extinção da punibilidade penal pelo pagamento do débito tributário, sob o prisma da criminologia combinado com a análise econômica do direito, ressaltando-se as escolhas racionais realizadas pelos delinquentes que praticam esta espécie de infração penal, bem como as consequências da atual política criminal empregada.

Quanto à Criminologia, entendida como ciência que estuda o comportamento delitivo e a reação social que tal comportamento provoca, podemos afirmar que tem por objeto o estudo empírico da criminalidade, entendida como o conjunto de ações ou omissões (penalmente) puníveis em um determinado tempo e lugar. Modernamente, busca ainda avaliar tanto o autor quanto a vítima, atenta à necessidade de prevenir o delito, reparar o dano e ressocializar o criminoso.

Desse modo, tendo em vista que as condutas criminosas previstas nos delitos fiscais (em uma concepção ampla, incluindo-se os crimes contra a previdência social) visam primordialmente ao não recolhimento de tributos e contribuições previstos na legislação, busca o infrator, evidentemente, um resultado econômico, no sentido de evitar o pagamento através da fraude e assim aumentar o respectivo patrimônio privado. O autor é o contribuinte faltoso e as vítimas são o Erário Público (de modo imediato) e a sociedade como um todo (de forma mediata), tornando evidente a estreita relação (ou interdisciplinaridade) da Criminologia com outra ciência, da Análise Econômica do Direito (AED).

Com efeito, devemos compreender a AED como uma metodologia que emprega as mais variadas ferramentas teóricas e empíricas da economia para aprimorar a compreensão e o alcance do direito, de forma a desenvolver, avaliar e aplicar as normas jurídicas e, especialmente, analisar os resultados e as consequências das decisões tomadas.

Assim, principalmente em se tratando de crimes cometidos com a finalidade de aumentar o patrimônio privado, percebe-se claramente a necessidade de uma pesquisa do tema sob os ângulos da criminologia e da AED combinados, os quais podem até se confundir, às vezes, em virtude do objeto deste estudo.

Efetivamente, os avanços trazidos para a criminologia pela metodologia da Análise Econômica do Direito (AED), quando voltada ao Direito Penal, permitiram verificar em boa medida as causas dos delitos, a forma mais eficiente e eficaz de reprimi-los, bem como os resultados obtidos pelas alternativas empregadas, como destaca Marcos Valadão (2011, p. 238).[152]

Com efeito, a abordagem econômica do direito fornece importantes ferramentas de análise. O jurista Gico Junior (2010) anota:

> Como escolhas devem ser realizadas, os agentes econômicos ponderam os custos e os benefícios de cada alternativa, adotando a conduta que, dadas as suas condições e circunstâncias, lhes traz mais bem-estar. Dizemos, então, que a conduta dos agentes econômicos é racional maximizadora. [...] A grande implicação desse postulado para a juseconomia é que se os agentes econômicos ponderam custos e benefícios na hora de decidir, então, uma alteração em sua estrutura de incentivos poderá levá-los a adotar outra conduta, a realizar outra escolha. [...] Todo o direito é construído sobre a premissa implícita de que as pessoas responderão a incentivos. Criminosos cometerão mais ou menos crimes se as penas forem mais ou menos brandas, se as chances de condenação forem maiores ou menores, se houver mais ou menos oportunidades em outras atividades mais atrativas. As pessoas tomarão mais ou menos cuidado se forem ou não responsabilizadas pelos danos que causarem a terceiros. [...] Os exemplos são incontáveis.

Nesse campo, Gary Becker publicou em 1968 o artigo "Crime e Castigo: Uma Abordagem Econômica", introduzindo ferramentas analítico-econômicas (incluindo equações) muito bem elaboradas e apresentando

---

[152] Em artigo sobre os crimes de sonegação fiscal (com enfoque criminológico e econômico), Marcos Valadão (2011, p. 238) ainda ressalta que os pensadores Cesare Beccaria e Jeremy Bentham foram os precursores, no século XVIII, da tentativa de racionalizar ou encontrar um nexo na imposição das penas, "[...] com efeitos de retribuição (punição na proporção da seriedade do crime), ressocialização (reabilitação), incapacitação, reparação, o custo da imposição da pena e a prevenção (dissuasão) decorrente da sua imposição, o que se aproxima de uma análise econômica."

estudos em que considerou que a ação delituosa decorre de uma escolha racional do indivíduo (infrator), após ponderar os possíveis ganhos e perdas provenientes de sua conduta criminosa (utilidade): o proveito econômico proporcionado pelo delito, a possibilidade de ser flagrado e de sofrer sanção, a ocasional perda de ganhos no período em que estiver eventualmente preso, entre outros fatores. Posteriormente, diversos outros acadêmicos apresentaram estudos que mantiveram (em sua essência) a ideia central de Becker, muito embora contivessem críticas ao trabalho deste.[153]

Posteriormente, Allingham e Sandmo (1972) publicaram outro importante estudo, aplicando um modelo microeconômico ao estudo específico da sonegação fiscal, baseando-se na teoria da utilidade esperada de von Neumann e Morgenstern. Os autores descreveram a sonegação do imposto de renda como um processo de tomada de decisão racional, considerando a sonegação como um ativo de risco, face à possibilidade de detecção da fraude e da respectiva punição, permitindo-se maximizar uma função de utilidade esperada.

Nesse aspecto, como anotaram Siqueira e Ramos (2006, p. 401) após descreverem as linhas gerais da proposta de Allingham e Sandmo (que foram pioneiros ao realizarem a análise econômica da sonegação fiscal), outros pesquisadores apresentaram diversas críticas aos modelos puramente econômicos, por entenderem que a sonegação fiscal não pode ser explicada somente com base nos incentivos financeiros que estão previstos nas normas jurídicas:

> Todas as hipóteses desse modelo básico foram objeto de críticas, e modelos teóricos baseados em hipóteses alternativas foram desenvolvidos tentando introduzir formalmente outros fatores que parecem ser relevantes para a decisão individual de evadir [leia-se evasão entendida como ilícita]. Uma extensão imediata foi permitir que o indivíduo escolhesse a renda a declarar juntamente com outras variáveis adicionais, tais como a oferta de traba-

---

[153] Trata-se de artigo que trouxe novos métodos e importantes discussões para a definição de políticas públicas (e também privadas) de prevenção e repressão a condutas ilícitas. Efetivamente, após as novas luzes lançadas por Gari Becker, sucederam-se diversos outros pensadores voltados para a *Economic Analysis of Law*, como Richard Posner, destacando-se aqueles que deram especial ênfase ao estudo da sonegação fiscal, como Michael Allingham e Agnar Sandmo (Income Tax Evasion: A Theoretical Analysis. Journal of Public Economics, n. 1, Pennsylvania, 1972), Frank Cowell e James Gordon (Unwillingness to pay: Tax Evasion and Public Good Provision, Journal of Public Economics, n. 36, Pennsylvania, 1988).

lho, proposta por Pencavel (1979) e Cowell (1981), ou a escolha ocupacional, sugerida por Pestieau e Possen (1991), e esquemas complementares de elisão fiscal, como implementado por Cross e Shaw (1982). Penas alternativas e alíquotas não-lineares foram consideradas por Pencavel (1979) e Kesselman (1989), e o impacto da complexidade e incerteza sobre outros parâmetros fiscais foi analisado por Alm (1988) e Scotchmer e Slemrod (1989). Ao constatar que um número crescente de indivíduos costuma pagar profissionais para a elaboração de suas declarações de rendimentos, o efeito deste comportamento sobre a evasão foi examinado por Scotchmer (1989) e Reinganum e Wilde (1991). Ademais, como alguns indivíduos recebem algum serviço do governo por seus impostos pagos, Cowell e Gordon (1988) mostraram que os serviços prestados pelo governo afetam as decisões de evasão, ou seja, os indivíduos pagam tributos porque eles valoram o que eles recebem em troca, e eles pagam mais à medida que o governo é mais efetivo em prover o que eles valorizam. (Wadhawan; Gray, 1998)."

Após, Brown e Reynolds (1973) incluíram outro fator ao modelo microeconômico *beckeriano*, acrescentando também a riqueza inicial do criminoso à equação, concluindo que indivíduos que têm uma riqueza inicial alta tendem a somente praticar condutas criminosas que proporcionem um ganho considerável em relação à sua riqueza inicial, compatibilizando o estudo com o delito de sonegação fiscal e com a maioria dos demais crimes de "colarinho branco".

Assim, a equação de Becker sofreu uma leve modificação, proposta por Brown e Reynolds, em que são avaliadas a probabilidade de não ser preso e condenado e o ganho financeiro (ou a utilidade da sonegação fiscal), subtraindo-se a probabilidade de ser preso e condenado e o ganho financeiro considerando o custo da condenação.

Dessa forma, ajustando-se o modelo de Becker àquele apresentado por Brown e Reynolds, podem-se verificar as possibilidades e a utilidade da prática das condutas tipificadas na seara penal-tributária. Nesse viés, adaptando-se o modelo sugerido por Alencar (2010, p. 230), conforme consta em Marcos Valadão (2011, p. 239), pode-se apresentar a seguinte equação:

## GRÁFICO 7 – Equação para análise econômica do crime de sonegação fiscal

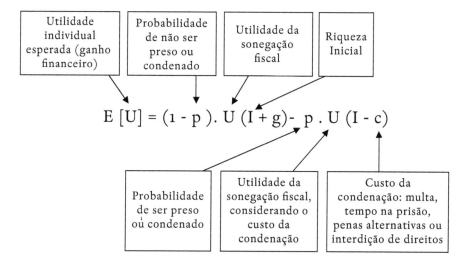

**Fonte:** Elaborado por Rodrigo Luís Ziembowicz, com base no modelo proposto por Alencar (2010, p. 230).

Quanto a esta equação, Marcos Valadão (2011, p. 239) descreve:

> No modelo acima, "E[U]" representa a utilidade individual esperada derivada do cometimento do ilícito, ou seja, é uma função da utilidade decorrente do ilícito, que pode ser entendida simplesmente, no caso do crime tributário, como o ganho financeiro. A variável "p" representa a probabilidade de ser condenado (sendo $0 \leq p \leq 1$), e, portanto, (1 – p) representa a possibilidade de não ser condenado. Desta forma, quanto menor a probabilidade de ser condenado, maior a utilidade derivada [do] ato criminoso. "U" é também uma função utilidade U (I + g) relacionada ao ganho apropriado ("g") derivado do crime de sonegação e "I" a riqueza inicial. De acordo com o modelo teórico da utilidade marginal decrescente, indivíduos que possuam uma quantidade de riqueza inicial alta tendem a somente cometer atividades ilícitas que propiciem um ganho considerável em relação à sua riqueza inicial. Em relação ao segundo termo da função utilidade individual esperada "p.U (I – c)" representa o lado negativo do ilícito, isto é, a punição, ou melhor dizendo, o efeito da pena. O termo considera a probabilidade de o delinquente ser condenado em suas ações ilícitas representada pela letra "p".

A variável "c" é o custo da condenação que pode ser uma multa, o custo representado pelo tempo passado na prisão, ou custo representado pelo cumprimento de penas alternativas ou de interdição de direitos. No segundo termo, quanto maior a riqueza inicial "I" menor impacto a punição terá para o infrator.

Assim, visando a verificar os elementos da equação acima, aplicando-se as previsões normativas da legislação brasileira quanto aos crimes de sonegação tributária em sentido lato, ou seja, incluindo os crimes previdenciários, os precitados segmentos da equação devem ser avaliados separadamente.

Inicialmente, quanto à utilidade individual esperada, ou ganho financeiro, verificamos que, "[...] em 2016, a Carga Tributária Bruta (CTB) atingiu 32,38%, contra 32,11% em 2015 [...]", conforme apontado pela Secretaria da Receita Federal brasileira (2017, p. 1), com respaldo também nos dados do IBGE (Instituto Brasileiro de Geografia Estatística). Percebe-se, portanto, que o ganho esperado mediante a sonegação tributária é de aproximadamente 32% em relação ao valor dos fatos geradores[154] de tributos ocorridos e ocultados.[155]

Prosseguindo, quanto à probabilidade de não ser preso ou condenado, ressalta-se que é altamente improvável que o infrator que pratique as condutas criminosas previstas nos arts. 1° ou 2° da Lei n° 8.137/90, bem como nos arts. 168-A ou 337-A do Código Penal, venha a ser preso ou mesmo condenado. Efetivamente, uma vez que o infrator pode ser isentado da pena se efetuar o pagamento do débito tributário (principal e acessórios, como multas) até o trânsito em julgado da condenação penal (ou mesmo

---

[154] O Código Tributário Nacional brasileiro prevê: "Art. 114. Fato gerador da obrigação principal é a situação definida em lei como necessária e suficiente à sua ocorrência. Art. 115. Fato gerador da obrigação acessória é qualquer situação que, na forma da legislação aplicável, impõe a prática ou a abstenção de ato que não configure obrigação principal." Em síntese, fato gerador é a situação de fato (hipótese tributária), prevista na lei de modo prévio, genérico e abstrato, que, quando ocorre no mundo fático, faz com que se materialize o direito e surja a obrigação tributária, seja esta principal ou acessória.

[155] No breve espaço deste capítulo, não serão tratados os demais ganhos esperados, como a utilização dos valores sonegados como capital de giro e/ou investimentos, nem os prejuízos causados aos concorrentes e aos demais empreendedores que efetuam os pagamentos dos tributos de modo tempestivo e completo. Do mesmo modo, não serão discutidos os danos causados às missões constitucionalmente atribuídas aos governos, principalmente para manutenção e promoção dos direitos fundamentais através do Estado.

após, conforme decisão da Segunda Turma do STF), até mesmo o sonegador contumaz dificilmente será apenado por esses delitos. Com efeito, tendo em vista que um processo criminal no Brasil leva cerca de 3 anos e 1 mês para ser julgado em primeira instância (por juízes de primeiro grau), e em média 1 ano e 1 mês para ser julgado em segunda instância (em tribunais estaduais e federais), segundo dados apresentados pelo Conselho Nacional de Justiça brasileiro (2017, p. 141-142), o sonegador fiscal possui cerca de 4 anos e 2 meses para efetuar o pagamento do débitos tributários e ter sua pena extinta, após o início da ação penal. Este prazo para conclusão do processo penal pode ser ampliado, se houver recursos ao Superior Tribunal de Justiça e ao Supremo Tribunal Federal. Assim, repita-se, este prazo de aproximadamente 4 anos e 2 meses para efetuar o pagamento dos débitos tributários e obter a liberação da pena trata apenas da ação penal, perante a justiça criminal.

Entretanto, no Brasil, foi firmado entendimento, mediante súmula vinculante[156] da Suprema Corte, de que as condutas dos contribuintes somente poderão ser consideradas penalmente típicas (nos crimes tributários materiais) após a constituição definitiva do crédito tributário, ou seja, somente após a conclusão de eventual processo administrativo em que forem discutidas as questões relativas aos tributos cobrados pela Administração Fazendária, bem como eventuais encargos acessórios, permitindo postergar muito mais o pagamento dos tributos e o início da ação penal.

Desse modo, qualquer atuação do Estado na seara penal somente pode ser adotada após, no mínimo, a conclusão do processo administrativo fiscal relativo ao tributo cobrado do contribuinte. Nesse aspecto, muito embora exista a previsão legal de que a Administração Fazendária federal deva proferir decisão administrativa no prazo máximo de 360 dias a contar do protocolo de petições, defesas ou recursos administrativos do contribuinte no procedimento administrativo-tributário,[157] estudo da Fundação Getúlio Vargas aponta que o tempo médio de julgamento administrativo fiscal

---

[156] A súmula vinculante nº 24 do Supremo Tribunal Federal brasileiro está assim redigida: "Não se tipifica crime material contra a ordem tributária, previsto no art. 1º, incisos I a IV, da Lei nº 8.137/90, antes do lançamento definitivo do tributo."

[157] A Lei 11.457/2007, que dispõe sobre a Administração Tributária Federal brasileira, prevê: "[...] Art. 24. É obrigatório que seja proferida decisão administrativa no prazo máximo de 360 (trezentos e sessenta) dias a contar do protocolo de petições, defesas ou recursos administrativos do contribuinte. [...]".

(incluindo primeira e segunda instâncias) pode durar 5 anos, em média, conforme a amostragem analisada (FGV, 2009, p. 26), embora pesquisa mais recente (CGU e TCU, 2016, p. 9) indique que o tempo médio de julgamento administrativo fiscal de segunda instância, no Conselho Administrativo de Recursos Fiscais, era superior a 5 anos em 2014.

No entanto, após ou durante o processo administrativo fiscal, o contribuinte pode (ainda) ingressar com ação judicial civil visando a discutir os tributos cobrados pela Administração Tributária ou Fazendária, através de processos judiciais que podem durar anos, quando obtiver decisão judicial (de caráter liminar) no sentido de suspender o processo administrativo tributário ou suspender a eficácia do débito administrativamente até decisão final na ação judicial. Nesse viés, um processo judicial civil no Brasil leva (em média) 2 anos e 7 meses para ser sentenciado em primeira instância (por um juiz), e 9 meses para decisão em segunda instância (em tribunais estaduais e federais), ou seja, 3 anos e 4 meses para ser julgado se houver recurso do contribuinte para o respectivo tribunal, segundo dados apresentados pelo Conselho Nacional de Justiça brasileiro (2017, p. 133).

Em outros dizeres, somando-se o tempo médio de 5 anos dos processos administrativos fiscais com a apresentação de recurso ao CARF (FGV, 2009, p. 26; CGU e TCU, 2016, p. 9), com o tempo de discussão em processo judicial tributário (se for este o caso), de cerca de 3 anos e 4 meses se recorrer ao respectivo tribunal (CNJ, 2017, p. 133), acrescentando-se o tempo médio do processo penal de 4 anos e 2 meses (CNJ, 2017, p. 141-142) se o infrator apresentar recurso ao tribunal, chega-se à conclusão de que o sonegador fiscal possui (em média) 12 anos e 6 meses para efetuar o pagamento do débitos tributários e ter sua pena extinta, após o início da ação fiscal. Quando não houver decisão judicial suspendendo o processo penal[158] ou a eficácia da decisão administrativa que constituiu o débito

---

[158] A esse respeito, vejam-se as decisões do Superior Tribunal de Justiça: RHC 27774/SP, Recurso ordinário em habeas corpus, Relator Min. Ribeiro Dantas, Quinta Turma, julgado em 12/12/2017, publicado no DJe 19/12/2017; e RHC 34159/SC, Recurso ordinário em habeas corpus, Relator Min. Ribeiro Dantas, Quinta Turma, julgado em 12/12/2017, publicado no DJe 19/12/2017. Nessas decisões, a Quinta Turma do STJ reiterou que há entendimento pacificado naquela Corte Superiora sobre a independência entre as esferas judiciais cível e criminal, mas ponderou que a "[...] conclusão alcançada pelo juízo cível afetou diretamente o lançamento do tributo, maculando a própria constituição do crédito tributário, razão pela qual mostra--se prudente aguardar o julgamento definitivo na esfera cível." Assim, suspendeu o processo

tributário (em ação anulatória da constituição do crédito tributário), o tempo médio concedido ao sonegador para quitar a dívida fiscal e se ver livre da sanção penal será de 9 anos e 2 meses. Pondere-se, entretanto, que este prazo pode ser ainda maior, se houver recursos ao Superior Tribunal de Justiça e ao Supremo Tribunal Federal, que podem ser apresentados tanto durante a ação judicial tributária quanto no decorrer da ação penal.

Repita-se, portanto, que o infrator terá cerca de 12 anos e 6 meses para empregar os recursos financeiros que não foram utilizados para o pagamento dos tributos (em virtude da sonegação fiscal) como bem lhe convier, como capital de giro ou para investimentos, por exemplo, necessitando apenas pagar os débitos tributários quando estiver na iminência de ser condenado na seara penal (ou mesmo após, conforme decisão da Segunda Turma do STF e alguns julgados do STJ).[159]

Nesse rumo, quanto aos custos de eventual condenação, representados por eventuais multas, tempo na prisão, penas alternativas ou interdição de direitos, repita-se que a extinção da punibilidade pelo pagamento do débito tributário pode ser concedida a qualquer momento, segundo entendimento do Supremo Tribunal Federal brasileiro, a mais alta corte do sistema judiciário do Brasil. Assim, praticamente inexiste risco de uma sanção penal em virtude da prática das condutas relacionadas aos crimes tributários, sendo ainda mais raro o encarceramento, como deixa claro o gráfico 5, que consta no item 2.2 deste estudo. Ademais, nem sequer efeitos relativos à reincidência serão aplicados a esses casos, ou seja, quando houver o pagamento do débito tributário a qualquer tempo, nada ficará registrado em desfavor do infrator, nem sequer impedindo uma nova concessão da isenção da pena se reincidir na mesma fraude e/ou sonegação. No mesmo

penal e/ou inquérito policial até a conclusão do processo civil.
[159] Repita-se que, infelizmente, já existe entendimento da Segunda Turma do STF no sentido de que mesmo o pagamento do débito tributário após o trânsito em julgado da condenação penal concede a extinção da punibilidade ao infrator, conforme AP 613/TO, julgada em 2014. O Superior Tribunal de Justiça tem decisões no sentido de que "Não há como se interpretar o referido dispositivo legal de outro modo, senão considerando que o pagamento do tributo, a qualquer tempo, até mesmo após o advento do trânsito em julgado da sentença penal condenatória, é causa de extinção da punibilidade do acusado." (Superior Tribunal de Justiça. Habeas Corpus n. 362478/SP, Relator Min. Jorge Mussi, Quinta Turma, j. em 14/09/2017, p. no DJe de 20/09/2017).

sentido, algumas normas brasileiras[160] têm reiteradamente permitido até mesmo o perdão das multas resultantes dos processos administrativos em virtude de infrações fiscais, reforçando o estímulo à prática da sonegação fiscal e previdenciária, em visível descompasso com a autodenúncia espontânea prevista no art. 138 do Código Tributário Nacional,[161] o qual exige a regularização dos registros antes de qualquer procedimento administrativo ou medida de fiscalização, relacionados com a infração, para conceder o perdão de sanções administrativas.

Desse modo, verifica-se que esta isenção da punibilidade através do pagamento do débito fiscal, concebida pela nossa política tributária e penal, premia o sonegador. De fato, verifica-se, na equação acima, que o risco (ou possibilidade) de ser flagrado praticando a sonegação fiscal, bem como o custo de eventual condenação (multa, tempo na prisão, penas alternativas ou interdição de direitos), são os elementos de persuasão que poderiam induzir o contribuinte ao pagamento correto e tempestivo dos tributos.

Entretanto, ponderando-se algumas dificuldades da fiscalização tributária federal no Brasil, em virtude do reduzido número de auditores fiscais (aproximadamente dez mil para cobrir todo este país continental), e dos também escassos recursos materiais e estruturais para promover a fiscalização (em proporção com a extensão do território nacional e com

---

[160] Revela-se um incentivo à sonegação, em desfavor do contribuinte honesto que pagou os tributos na quantia e no tempo devidos. Nesse vértice, os reiterados planos de recuperação fiscal (REFIS), que vêm permitindo o parcelamento de débitos tributários e concedendo o perdão ou uma significante redução das multas e demais sanções aplicadas aos contribuintes faltosos, mesmo àqueles que reiteradamente efetuam o pagamento impontual, também incentivam o não pagamento dos tributos previstos. Mencionem-se o REFIS 1 (Programa de Recuperação Fiscal - Lei 9.964/2000); REFIS 2 ("PAES" - Lei 10.684/2003; REFIS 3 ("PAEX" - MP 303/2006); REFIS 4 ("REFIS da Crise" e "REFIS da Copa" - Lei 11.941/2009 por conversão da MP 449/2008, com várias prorrogações posteriores do prazo para adesão ao programa); REFIS das Autarquias e Fundações (art. 65 da Lei 12.249/2010); REFIS dos Bancos (art. 39 da Lei 12.865/2013); REFIS da Crise (Lei 13.496/2017).

[161] O Código Tributário Nacional brasileiro prevê: "[...] Art. 138. A responsabilidade é excluída pela denúncia espontânea da infração, acompanhada, se for o caso, do pagamento do tributo devido e dos juros de mora, ou do depósito da importância arbitrada pela autoridade administrativa, quando o montante do tributo dependa de apuração. Parágrafo único. Não se considera espontânea a denúncia apresentada após o início de qualquer procedimento administrativo ou medida de fiscalização, relacionados com a infração."

a quantidade de pessoas físicas e jurídicas[162] a serem auditadas), apesar dos avanços proporcionados pela informatização dos sistemas, estima-se que apenas um pequeno percentual das fraudes tributárias é descoberto.

Infelizmente, até mesmo esta pequena parcela de fraudes verificadas pela Administração Tributária, quando submetida ao sistema vigente, redunda em processos administrativos que, por vezes, levam vários anos para serem definitivamente decididos na esfera administrativo-tributária, com diferentes instâncias recursais.

Após, podem ser utilizadas ações judiciais para discutir os tributos (principal e acessórios) exigidos pela Administração Tributária em ações anulatórias da constituição do crédito tributário, podendo o contribuinte obter a suspensão da eficácia dessa decisão administrativa, somando-se ao fato de que o contribuinte poderá recorrer também nas várias instâncias recursais judiciárias.

Desse modo, no ordenamento jurídico brasileiro, somente após o julgamento definitivo na esfera administrativo-tributária, com a constituição definitiva do débito tributário (e desde que não haja decisão judicial suspendendo ou anulando a eficácia da constituição do débito tributário), poderá ser promovida eventual ação penal, que também poderá durar vários anos, e o sonegador somente precisará pagar o débito tributário quando a condenação penal definitiva for iminente (ou mesmo após a condenação criminal, segundo alguns magistrados do STF e do STJ).

Em outras palavras, há uma pequena possibilidade do infrator ser pego pelo cometimento de fraudes tributárias e, se este contribuinte for flagrado, poderá aguardar vários anos antes de efetuar o pagamento, somando-se o período de discussão administrativa, de disputa judicial tributária (quando for o caso) e, posteriormente, da ação judicial penal.

Ademais, as previsões relativas à liberação da pena sob análise levam à conclusão de que a sonegação compensa, pois é impossível aos órgãos de fiscalização verificarem todas as informações e registros das dezenas de milhões de contribuintes brasileiros (pessoas físicas e jurídicas) com profundidade. Assim, face às dificuldades de apurar e comprovar fatos geradores ocultados ou dissimulados, principalmente no complexo emaranhado de normas tributárias em nosso país, evidentemente as previsões

---

[162] O IBGE (2016, p. 27) divulgou o as estatísticas do Cadastro Central de Empresas de 2014, ressaltando que em 31.12.2014 o Brasil possuía 5.103.357 empresas em funcionamento.

penais dos delitos fiscais, tornadas sem efeito pela extinção da pena pelo pagamento, tornam-se ineficazes.

De fato, o sistema penal tributário atual concede um regime diverso aos crimes fiscais e aumenta em muito a sensação de impunidade, ou pior, até mesmo estimula a prática da sonegação fiscal[163], admitindo "[...] que o sonegador contumaz e rico se exima da responsabilidade pela infração cometida, enquanto que o contribuinte de boa-fé, mas pobre, é punido." (ROTHMANN, 1995, p. 826). De fato, não haverá terá interesse em fazer o pagamento correto e voluntário dos tributos, quando nenhuma sanção alcança a inobservância criminosa dos deveres fiscais.[164]

Assim, a reintrodução da extinção da punibilidade em nosso ordenamento mediante a Lei n° 9.249/95, conforme Roberto Podval (1996, p. 125), representou um grande equívoco estatal e um retrocesso, anotando que novamente é empregada uma política de incentivo à sonegação, pois aqueles que cometem os crimes fiscais por vontade livre e consciente de fraudar a Administração fazendária, em face da possibilidade remota de serem flagrados, precisam somente pagar a dívida ao Fisco se forem descobertos para evitarem o processo e a punição criminal. Depois, o jurista conclui que significa uma injustiça de grandes proporções, pois o homem de negócios trabalhador e correto, que nunca sonegou e sempre pagou os tributos honestamente, caso se encontre em crise financeira e não consiga pagar os tributos momentaneamente, provavelmente será processado e condenado penalmente, mesmo que tenha mantido seus registros e declarações fiscais em ordem.

---

[163] Segundo Nabarrete Neto (1997, p. 788), "[...] a punibilidade estatal deveria ser de tal molde a não possibilitar a reprodução, seja da conduta, seja do infrator. A solução presente cria o vício mental do sonegador de que as consequências de seu insucesso na prática delitiva podem ser evitadas pela quitação do tributo ou contribuição social. [...] o fato não se circunscreve apenas ao campo financeiro, mas diz com o infrator, que interpreta a ordem jurídica e forma nociva e, por isso, está inclinado a infringi-la repetidamente. A punibilidade estatal tem a ver com a própria essência do Estado. Àqueles que ameaçam ou violam valores caros à sociedade, a organização política reserva-lhes a pena, cujos fins podem ser os mais variados, mas um deles certamente é garantir-se que o infrator conforme-se à ordem jurídica existente e não reproduza a conduta proibida."

[164] Conforme Silveira (1996, p. 139), "[...] o infrator, o delinquente, corre tão-somente um único risco: o de ser pegado com a boca na botija e ter de pagar o que pretendia sonegar. Se ele não tiver dinheiro, vai processado e preso; se, ao contrário, for rico e poderoso, se livra solto... Como sempre!"

Com a mesma conotação, registram-se os ensinamentos do jurista germânico Tipke, o qual adverte com vigor que, se ocorre uma "[...] aplicação não uniforme da lei, se a violação da lei, tolerada pelo Estado, tornar-se regra, a escolha de alguns indivíduos – os quais são tratados, excepcionalmente, conforme a lei – representa uma arbitrariedade." Posteriormente, o tributarista germânico conclui a análise deste ponto, anotando que "[...] a evasão constituirá um ato de legítima defesa para o estabelecimento da igualdade, de fato, da tributação cuja responsabilidade é do Estado." (TIPKE apud ROTHMANN, 1995, p. 819-820).

Aliás, a extinção da punibilidade nesses crimes fiscais leva o magistrado Nabarrete Neto (1997, p. 780-781) a salientar que "[...] a realidade e impressão geral são as de impunidade". Logo após, o jurista ainda alerta que este antagonismo (entre a sensação de impunidade e a incorporação de instrumentos para afastar a punibilidade nos precitados casos) "[...] só pode ser explicado pela distância que separa o povo em geral e a elite dominante que controla ou mais influencia o Estado."

Verifica-se, enfim, que as previsões relativas à liberação da pena[165] sob análise levam à conclusão de que a sonegação compensa, pois é impossível aos órgãos de fiscalização verificarem todas as informações e registros das dezenas de milhões de contribuintes brasileiros (pessoas físicas e jurídicas) com profundidade, efetuando-se muitas fiscalizações por amostragem.[166][167]

---

[165] Consta na exposição de motivos do Decreto-Lei português 28/84, de 20 de janeiro de 1984, em seu item 9: "[...] Abundantes estudos criminológicos apontam nesse sentido: o delinquente contra a economia é particularmente sensível à ameaça da pena privativa da liberdade e, em contrapartida, indiferente às penas pecuniárias, já que ao assumir os comportamentos criminosos conta com uma margem de risco em que inclui os custos eventuais da sujeição a sanções deste último tipo."

[166] O penalista Echavarría Ramírez (2014, p. 04:11) sustenta que "[...] *la Hacienda Pública merece y necesita protección penal porque sólo es posible realizar controles o inspecciones aleatórias para verificar el correcto cumplimiento de los deberes tributarios, siendo esto una oportunidad que puede ser aprovechada por los deudores para no cumplir sus obligaciones. A ello se suma que el adecuado funcionamento de la actividad financiera requiere de la participación de los contribuyntes, tanto a través de la presentación de la declaración y pago de la deuda tributaria, como en ocasiones liquidando la obligación tributaria. Estas circunstancias hacen de la Hacienda Pública um acreedor vulnerable, lo que justifica su protección por vía penal y permite rechazar la opinión que negó la existência de um bien jurídico en el Derecho penal tributario.*"

[167] Quanto a esse aspecto, o jurista Juary Silva (1998, p. 22), assevera: "Os meios repressivos à inadimplência e à fraude estão sempre vários corpos atrás desta, jamais a alcançando. Nas

Nesse sentido, o instituto da extinção da punibilidade pelo pagamento atualmente utilizado no Brasil, que originalmente foi estabelecido nos ordenamentos alemão e austríaco (com a função de trazer a lume os fatos geradores até então desconhecidos pelas autoridades fazendárias), serve tão somente para fazer com que os contribuintes sejam estimulados a omitir mais e mais informações fiscais, aumentando exponencialmente a sonegação.

Como alerta Borsio (2009, p. 295), ao expor uma visão sistêmica atual relativa aos crimes tributários, os bons pagadores percebem que os sonegadores permanecem impunes ao usufruírem da extinção da punição, mediante pagamento ou parcelamento, gerando uma verdadeira "ciranda da evasão tributária", consequentemente causando um aumento da carga tributária.

Ademais, esta situação, entre outras, induz Figueiredo Dias (1984, p. 69) a afirmar que em todos os Estados "[...] perpassa hoje um sentimento generalizado de injustiça estrutural, em relação ao qual a impunibilidade dos delinquentes econômicos ou a sua menor punição injustificada adquirem acentuada ressonância simbólica."

Percebe-se assim que, infelizmente, o legislador pátrio desfigurou o instituto da extinção da punibilidade pelo pagamento do débito, inicialmente copiado dos teutônicos e destinado a fazer aflorar fatos geradores de tributos desconhecidos pelo Estado,[168] pois em vez de ser estimulada a autodenúncia fiscal (anterior ao início da ação fiscal ou denúncia perante o Poder Judiciário), mantendo-se os fins da prevenção geral e especial da pena, o sistema atualmente aplicado no Brasil encoraja a sonegação.

---

épocas em que o organismo estatal se debilita essa defasagem ainda mais se acentua, uma vez que o legislador, às vezes, abandonando a técnica jurídica e a boa política fiscal, busca açodadamente recuperar o tempo perdido."

[168] Estes fatos ocultos são tratados por Iglesias Río como uma elevada cifra negra (2003, p. 37-43), em face da dificuldade de descobrimento das fraudes (2003, p. 43-53).

## 5. Conclusões

A extinção da punibilidade em crimes tributários tem suas origens nos ordenamentos jurídicos austríaco e alemão, sendo aplicado nesses países há mais de um século, visando a fazer aflorar fatos geradores de tributos até então desconhecidos pelo Estado e, desse modo, aumentar a arrecadação.

Na Alemanha, este instituto exime de sanção penal os contribuintes faltosos quando estes retificam seus dados fiscais e efetuam o pagamento do débito tributário, inclusive eventuais obrigações acessórias, como multas, antes do início da fiscalização ou da ação penal. Com esta limitação temporal para conceder a isenção da pena, mantém o caráter penal preventivo e dissuasório (com base na desistência e na reparação), guardando alguma coerência com o sistema jurídico-penal como um todo, apesar de conceder às condutas delituosas tributárias uma benesse não conferida aos demais crimes previstos no ordenamento jurídico alemão. Em termos muito assemelhados, a extinção da punibilidade também foi inserida nas legislações espanhola em 1995, e no ordenamento jurídico italiano em 2015.

No Brasil, a Lei nº 4.729/65 foi a primeira a criminalizar as condutas de sonegação fiscal, e inseriu a possibilidade de extinção da punibilidade nestes delitos, em moldes semelhantes ao sistema germânico, exigindo que o agente promovesse o recolhimento dos tributos antes do início da ação fiscalizadora. Após várias modificações no limite temporal para o reconhecimento e aplicação da extinção da punibilidade pelo pagamento do débito tributário, a atual legislação, interpretada pelo Supremo Tribunal Federal em sessão plenária (composta pelos onze ministros), permite a liberação da sanção penal a quem efetua o pagamento direto antes do trânsito em julgado da condenação criminal, ou realiza o pagamento integral do parcelamento do débito fiscal, também antes da condenação criminal definitiva. Existem, entretanto, decisões da Segunda Turma do Supremo Tribunal Federal e do Superior Tribunal de Justiça que concedem a extinção da pena mesmo quando o pagamento ocorreu após o trânsito em julgado da condenação penal, durante a execução da pena.

Desse modo, a extinção da punibilidade nos crimes tributários atualmente aplicada no Brasil permite inferir que a sanção penal decorre do não pagamento dos tributos, ou seja, utiliza-se indevidamente a ameaça de prisão para coagir o contribuinte ao pagamento do débito fiscal, pois o simples recolhimento dos tributos (mesmo quando tiver sido praticada a conduta incriminada) isenta o infrator de qualquer pena. Neste sentido, também não é exigido o transcurso de um período mínimo para que possa ser concedida nova liberação da pena, nem sequer foi estabelecido um limite quantitativo de concessões à mesma pessoa física ou jurídica.

Por tratar-se de uma prisão civil por dívida, porque seu mero pagamento a qualquer tempo antes da condenação criminal isenta da sanção penal, a legislação penal tributária do Brasil afronta diretamente a interpretação do Supremo Tribunal Federal e das Cortes Internacionais de Direitos Humanos, no sentido de que toda forma de prisão civil é proibida, salvo aquela decorrente de dívida de alimentos de caráter voluntário e inescusável, a qual permanece vigendo.

Assim, analisado sob o prisma dos princípios e direitos fundamentais, compreendidos como os valores essenciais de um povo e previstos na sua respectiva constituição, o instituto da extinção da punibilidade pelo pagamento do débito tributário rompe as balizas constitucionais no Brasil.

Inicialmente, quanto ao princípio constitucional da isonomia, que deve nortear tanto a criação quanto a interpretação das normas, quando este é aplicado ao sistema tributário, ele representa, inclusive, o direito fundamental dos contribuintes de serem onerados na mesma proporção dos demais indivíduos no rateio dos custos do Estado. Ao mesmo tempo, significam o dever do Estado de assegurar que todos contribuam para o bem comum, de acordo com a respectiva capacidade contributiva. Entretanto, face à previsão de extinção da punibilidade pelo pagamento, que permite a impunidade ao conceder a liberação da pena àqueles que sonegam tributos, somada às constantes reedições dos programas de refinanciamento das dívidas tributárias (REFIS), perdoando em grande parte as multas e os juros desses débitos, o sistema jurídico vigente permite aos sonegadores contumazes a utilização desses recursos sonegados como capital de giro e para efetuar investimentos.

Ademais, para o desenvolvimento e para a produção de riquezas e bens, revela-se de extrema necessidade uma ordem econômica e financeira saudável, a qual jamais será possível em uma sociedade em que, por exemplo, os concorrentes de mesmo porte e ramo empresarial sejam submetidos a cargas tributárias díspares, mediante sonegação ou outras fraudes assemelhadas, sem a adequada prevenção e apuração dos desvios de conduta pelo Estado. Ora, um mercado empresarial sadio contribui em muito, direta e indiretamente, para a promoção de direitos fundamentais e para o bem-estar da comunidade.

Efetivamente, permitir reiteradas ofensas às normas de conduta mais relevantes de uma sociedade (a ponto de serem criminalizadas), sem a devida punição, como a sonegação fiscal e outros desvios de comportamento, causa um relevante desequilíbrio na concorrência do mercado e passa a percepção de que o crime compensa, atraindo os especuladores e outras espécies de oportunistas, descompromissados com os valores morais, sociais e jurídicos. De fato, estes especuladores percebem que aumentam seus lucros através da sonegação fiscal e do desatendimento à legislação trabalhista e ambiental, inviabilizando o mercado para o empresário honesto, que normalmente aumenta seus lucros através de investimentos em tecnologia e na preparação dos seus recursos humanos, aperfeiçoando seus produtos e sua atividade gerencial. A longo prazo, diminui-se em muito a capacidade produtiva e o potencial de crescimento das empresas calcadas na honestidade, que geram bens e riquezas, empregos e bem-estar, restando somente um mercado composto por especuladores e oportunistas indesejáveis.

Ademais, não há isonomia num sistema que acintosamente desdenha do contribuinte honesto, que muitas vezes se descapitaliza ao efetuar o recolhimento integral e tempestivo dos tributos, enquanto outras pessoas (físicas ou jurídicas) sonegam tributos e, quando flagrados, podem recorrer em diversas instâncias administrativas e judiciais, obtendo diversas benesses do Estado, quer sejam administrativas (com o perdão de multas e de juros), quer sejam judiciais (com a extinção da punibilidade).

No mesmo rumo, verifica-se que, em média, são necessários cinco anos para o deslinde das questões tributárias durante o processo administrativo, além de três anos e quatro meses para a conclusão de eventual processo judicial que vise à anulação da constituição do crédito tributário, acrescendo-se outros quatro anos e dois meses para conclusão do processo penal em segunda instância, o sonegador que atue no Brasil pode protelar por cerca de doze anos e cinco meses o recolhimento dos seus débitos tributários, sem qualquer responsabilização penal (e nem mesmo administrativa em muitos casos, face ao perdão das multas e juros propiciados por programas de refinanciamento). Evidencia-se, portanto, um claro desrespeito ao princípio constitucional da isonomia, em prejuízo do contribuinte e do empresário honesto, que efetuou o pagamento integral e tempestivo dos tributos, e da sociedade como um todo, face à constante carência de recursos para o cumprimento das responsabilidades constitucionalmente atribuídas ao Estado, causadas em boa medida pela sonegação fiscal.

Acrescente-se, ainda, a relevância do princípio da igualdade também na seara penal. Entretanto, a concessão de isenção da pena pelo simples pagamento nos crimes tributários, nos moldes em que está prevista atualmente, representa injustificável seletividade penal. Efetivamente, nos demais crimes previstos no ordenamento jurídico-penal brasileiro, a recomposição dos danos nos delitos sem violência ou grave ameaça tem como efeito a redução da pena, de um a dois terços, quando ocorrer voluntariamente antes do recebimento da denúncia (arrependimento posterior), ou configura uma atenuante, quando a reparação do dano causado for realizada antes do julgamento.

De fato, cometido um crime assemelhado à sonegação fiscal mediante fraude, como um estelionato ou furto qualificado pela fraude, a reparação do dano ou restituição do bem significará somente uma redução da pena, mesmo que o dano tenha sido de pequena monta. Entretanto, uma sonegação fiscal de milhões (ou mesmo bilhões) de reais no Brasil, quando e se for descoberta, exige tão somente o pagamento do débito tributário para que seja concedida a isenção total da pena criminal, e este recolhimento de tributos poderá ser feito somente quando a condenação se tornar iminente e sem direito a recurso a outra instância do Poder Judiciário, após um tempo mediano de doze anos e cinco meses necessários para o processamento administrativo, judicial cível (eventualmente) e penal da fraude tributária. Em outros dizeres, a extinção da punibilidade, conforme a legislação brasileira atual, configura afronta ao princípio constitucional da igualdade também no sistema jurídico penal.

Outro princípio constitucional, da proporcionalidade, foi redescoberto na Europa pós-guerra, em virtude da necessidade de coibir os excessos arbitrários do Estado, antes acobertados pelo legalismo formal, utilizado por governos autoritários para cometer atrocidades. Não obstante a desconfiança que gera, face à possibilidade de resultar num "governo de juízes", deslocando importante parcela do poder do legislativo e do executivo para o judiciário, o princípio da proporcionalidade é de suma importância para a proteção e efetivação dos direitos fundamentais, tanto no viés em que veda o excesso arbitrário quanto naquele em que proíbe a proteção deficiente dos bens considerados essenciais.

Quanto à vedação do excesso, as sanções criminais que restringem os direitos fundamentais das pessoas (como a liberdade) somente podem ser utilizadas quando forem imprescindíveis e na exata medida em que sejam suficientes para prevenir aquelas condutas dignas de repressão criminal. Assim, diante do reconhecimento dos direitos e das garantias fundamentais, na busca por uma vida comunitária com mais justiça e igualdade, oferecer a extinção da punibilidade nos crimes tributários mediante o pagamento do débito causa perplexidade, pois permite deduzir que a falta de pagamento, e tão somente ela, fundamenta a punibilidade. Esta utilização do direito criminal tributário violenta os direitos fundamentais lançados na Constituição Federal, por conservar a intolerável intimidação do Estado representada pela ameaça de prisão civil por dívida, rechaçada pelo Supremo Tribunal Federal, pelos tratados ratificados pelo Brasil e pelas decisões das Cortes Internacionais.

No mesmo rumo, inferindo-se que apenas a falta de pagamento fundamenta a sanção penal (pois o recolhimento dos tributos isenta de pena), vê-se o emprego do direito penal como *prima ratio* nas previsões de crimes tributários, negociando e monetarizando a sanção penal. Entretanto, o direito penal é a forma mais violenta de relacionamento entre o Estado e os indivíduos, e somente deveria ser utilizado como *ultima ratio*, quando as demais áreas do direito (civil, administrativo e tributário) não fossem suficientes para coibir a conduta delituosa.

Quanto a este aspecto, deve-se destacar também que a legislação atual nem sequer estabelece valores mínimos de sonegação fiscal aptos a caracterizarem o delito tributário. Promove-se a persecução penal do Estado em delitos tributários cujos valores sonegados são inferiores àqueles indicados pelo Ministério da Fazenda brasileiro como dignos da promoção de uma execução fiscal judicial, ou seja, vinte mil reais. Em outras palavras, apesar de ter sido praticamente pacificado pelo Supremo Tribunal Federal brasileiro o entendimento de que os tipos penais tributários somente são aplicáveis quando a sonegação fiscal for superior a vinte mil reais, centenas de processos penais chegam aos tribunais de justiça e cortes superiores anualmente, gerando enormes custos ao Estado pela falta de previsão legislativa adequada, além de caracterizar inconstitucional coação em desfavor do contribuinte.

Sob a outra perspectiva do princípio da proporcionalidade, da vedação da proteção deficiente, destaca-se que as previsões penais tributárias têm como bem jurídico protegido imediato o erário público, mas como bem jurídico mediato tutelado, em suma, a promoção dos direitos fundamentais e o cumprimento das demais obrigações constitucionalmente atribuídas ao Estado, viabilizados por meio da arrecadação tributária, revelando-se a legitimidade da proteção penal prevista.

Desse modo, ao conceder a isenção da punibilidade através do pagamento do débito fiscal a qualquer tempo (antes da condenação penal definitiva segundo o Plenário do STF), o Estado permite que o sonegador contumaz permaneça impune criminalmente, mesmo que tenha provocado prejuízos de milhões (ou bilhões) de reais ao erário público e às benesses que esses recursos poderiam gerar aos indivíduos e à coletividade. Assim, concede um prêmio ao delinquente e estimula a sonegação, negando o direito fundamental dos demais cidadãos à justa divisão dos custos do Estado e oferecendo proteção deficiente ao bem jurídico tutelado. Ademais, ao conceder sucessiva e regularmente programas de refinanciamento das dívidas tributárias, com perdão total ou parcial de obrigações acessórias como multas e juros já aplicados, o Estado ainda amplia o estímulo à sonegação e ao pagamento intempestivo dos tributos, progressivamente causando a diminuição da consciência ético-fiscal dos contribuintes outrora honestos, que se sentem prejudicados pelo sistema tributário.

Ademais, a legislação brasileira parece estar rumando na direção contrária àquela que seria desejável, pois se passaram mais de três décadas desde a redemocratização do país, e já está na hora de buscarmos um reequilíbrio entre direitos e deveres na atual "sociedade dos direitos", reimpulsionando a consciência sobre as responsabilidades individuais e coletivas dos cidadãos para uma coexistência capaz de proporcionar uma vida digna a todos, através de uma adequada tutela e da promoção efetiva dos direitos fundamentais, restabelecendo assim os vínculos da solidariedade.

Efetivamente, os direitos fundamentais não são caracterizados por simples imunidades contra as intervenções do Estado, que exigiriam tão somente a abstenção estatal. Ao contrário, um Estado impotente não consegue defender ou promover a efetividade dos direitos essenciais. Entretanto, dar efetividade aos direitos fundamentais tem um alto custo, mesmo os direitos de primeira dimensão, ou direitos de liberdade, exigindo infraestrutura estatal e um sistema de proteção das liberdades, como segurança pública e judiciário. Os direitos de segunda dimensão representam atribuições ainda mais dispendiosas para o Estado (e para a sociedade, por conseguinte), face ao seu caráter eminentemente prestacional, para a promoção da saúde, da educação, e das rendas de substituição ou de transferência, como aposentadoria e programas de renda mínima. No mesmo rumo são custosas as despesas para a tutela e promoção dos demais direitos fundamentais.

Nesse vértice, não somente a concretização dos direitos fundamentais necessita do cumprimento do dever fundamental dos cidadãos de pagarem os respectivos tributos, ou seja, suas porções na distribuição dos encargos que a vida em sociedade exige, como também possuem os indivíduos o direito fundamental de exigir que o Estado assegure a justa e correta divisão das obrigações entre todos os membros da comunidade.

Com efeito, apesar da Constituição Federal brasileira de 1988 ter deslocado a ordem jurídica e a prioridade para o cidadão, concedendo força vinculativa máxima aos direitos fundamentais e transformando o Estado um instrumento de proteção e promoção desses direitos essenciais, os mesmos não são autorrealizáveis nem presentes divinos, e evidentemente somente podem ser viabilizados através da colaboração de todo o tecido social, de acordo com a capacidade contributiva de cada cidadão-contribuinte.

De fato, através da arrecadação são obtidos os valores que permitem o cumprimento das atribuições a cargo do Estado, e esta opção do constituinte tornou-se clara ao proibir a exploração direta de atividade econômica pelo Estado, salvo quando for necessária aos imperativos da segurança nacional ou a relevante interesse coletivo. Ademais, poucos são os países que não obtêm através da tributação os recursos necessários para financiar o cumprimento das suas atribuições constitucionais, o que somente é possível em pequenos países nos quais abundam recursos naturais (como petróleo ou minerais preciosos) e/ou o turismo e o jogo são suficientes para cobrir os custos do Estado.

Deixe-se claro, entretanto, que não se está elogiando a tributação, principalmente porque no Brasil muitos consideram a carga tributária desmedida, causando forte rejeição social, mas deve-se também abandonar a ideia ingênua de não se deve pagar os tributos por que os recursos obtidos não serão aplicados em segurança, saúde e educação, face às (infelizmente) constantes notícias alertando sobre os desvios de recursos públicos. Ora, o cometimento de crimes tributários não pode ser justificado pela prática de crimes de corrupção passiva pelos representantes eleitos ou funcionários públicos. Ao contrário, todos os crimes praticados, partindo-se do princípio de que os bens jurídicos protegidos possuem legitimidade penal e estão direta ou indiretamente vinculados aos direitos fundamentais, devem ser investigados e julgados, quer sejam tributários, quer sejam das demais searas criminais.

Ademais, esta consciência ético-fiscal de toda a sociedade é imprescindível, principalmente em se tratando de persecução penal de delitos fiscais (e demais delitos econômicos) que alcançam cifras milionárias ou bilionárias, pois às vezes centenas ou milhares de crimes contra o patrimônio particular não se igualam nem remotamente com os danos causados à sociedade por um crime do colarinho branco, principalmente por que muitas vezes os delitos de cavalheiros passam despercebidos pela sociedade e não geram repulsa social.

Realmente, face ao princípio da intervenção mínima em matéria penal, o sistema criminal somente tem legitimidade na medida em que protege, de forma eficaz, os bens jurídicos imprescindíveis para a coexistência pacífica das pessoas, que não podem ser suficientemente protegidos de outra forma. Assim, estabelecida a dignidade penal de um bem jurídico a ser protegido (imediata e mediatamente), a agressão dolosa a este bem tutelado não pode gozar de impunidade. No entanto, a conformação atual da extinção da punibilidade pelo pagamento do débito tributário claramente não previne a agressão ao bem protegido. Ao contrário, encoraja o dano ao bem jurídico, quando prevê a liberação da pena pelo simples pagamento da dívida fiscal apurada, se o infrator for descoberto praticando a conduta delituosa, concedendo (inclusive) a possibilidade de parcelamento dos valores sonegados, além de transmitir ao contribuinte faltoso a sensação de que deverá pagar tributos (e eventuais obrigações acessórias, como multas) com base somente nos valores dos fatos geradores que o Fisco e demais órgãos públicos puderem comprovar, e não com base na totalidade dos fatos geradores havidos, os quais poderão ser acobertados.

Assim, os delitos fiscais que constam na legislação brasileira, diante da forma como facilmente podem os delinquentes evitar a responsabilização penal por meio da extinção da punibilidade, tornam-se mera utilização simbólica do direito penal, visando a transmitir (de forma enganadora) uma impressão tranquilizadora aos indivíduos, tentando incutir a sensação de que o legislador é atento e decidido, de que está promovendo a segurança no seio da sociedade. No entanto, além de banalizar a sanção criminal, leva a descrédito não somente os dispositivos jurídicos relativos aos crimes tributários, mas principalmente o Fisco, a Polícia Judiciária, o Ministério Público e o Poder Judiciário, impotentes diante das rotineiras agressões ao bem coletivo.

Ademais, estudando as benesses (sem paralelo no sistema criminal brasileiro) concedidas pela conformação atual da extinção da punibilidade dos crimes tributários, percebe-se claramente também um incentivo econômico à sonegação fiscal, como pode ser comprovado através de estudos realizados mediante a análise econômica do direito. Como deixam claros os estudos desta seara realizados nas últimas décadas, que conseguiram ampliar em boa medida a compreensão das causas econômicas dos delitos desta natureza, a busca do *homo economicus* sempre será pela maximização dos seus lucros (que proporcionam bem-estar), ou seja, o ser humano racional tem como referência uma utilidade esperada (ou ganho financeiro) em virtude da sonegação tributária. Para dissuadir o contribuinte a não cometer o delito fiscal, este deveria ter um custo de eventual de condenação (incluindo multa, tempo na prisão, penas alternativas e/ou interdição de direitos), combinado com a possibilidade de ser flagrado ou descoberto, maior do que a utilidade esperada (ganho financeiro) a ser obtido.

No entanto, considerando-se a escassez de recursos humanos, materiais e financeiros da fiscalização tributária, proporcionalmente à extensão territorial do Brasil e à quantidade de pessoas físicas e jurídicas a serem fiscalizadas, estima-se que apenas um pequeno percentual das fraudes tributárias é descoberto. No entanto, ao ser flagrado cometendo fraudes tributárias, o contribuinte infrator poderá aguardar vários anos antes de efetuar o pagamento do débito tributário, somando-se o período de discussão administrativa, de eventual disputa judicial tributária e, posteriormente, da ação judicial penal, que somados duram em média doze anos e cinco meses.

Por outro lado, apenas uma elevada possibilidade de ser descoberto ao cometer delitos fiscais, bem como uma condenação com elevados custos (maiores do que o ganho financeiro esperado), seriam capazes de dissuadir o contribuinte a jamais cometer essas condutas criminosas. Entretanto, no Brasil, após ter sido introduzida em moldes semelhantes ao instituto alemão em 1965, com o fim de fazer aflorar fatos geradores de tributos desconhecidos pelo Estado, a extinção da punibilidade pelo pagamento do débito fiscal foi gradativamente deturpada a partir de 1990, com uma caótica instabilidade da política criminal tributária, num claro movimento em direção à ampliação do marco temporal para a realização do pagamento do débito tributário, que permite o reconhecimento da isenção da pena.

Na Alemanha, ao contrário, o direito criminal-tributário manteve seu caráter penal na concessão da extinção da punibilidade (baseada nos institutos da desistência e da reparação), excluindo da liberação da pena as retificações e as reparações de dano efetuadas após o início do procedimento administrativo ou da ação judicial criminal, pois nestes casos as condutas não são consideradas voluntárias, deixando de atender à finalidade preventiva do sistema penal e resultando apenas na diminuição da pena. Ademais, esses são os mais importantes motivos pelos quais o instituto da extinção da punibilidade pelo pagamento do débito tributário, nos termos em que consta na legislação germânica, foi introduzido de forma muito assemelhada na Espanha e na Itália.

Na legislação brasileira atual, entretanto, permite-se o pagamento da dívida fiscal a qualquer tempo, antes da condenação penal definitiva segundo o Supremo Tribunal Federal decidiu em sessão plenária (ou até mesmo após o trânsito em julgado da condenação penal, conforme decisão da Segunda Turma do STF e do STJ), e nem sequer exige-se voluntariedade na autodenúncia e na correção dos registros fiscais. Desse modo, em vez de ser estimulada a autodenúncia fiscal (anterior ao início da ação fiscal ou da ação penal perante o Poder Judiciário, como ocorre na Alemanha, na Espanha e na Itália), mantendo-se os fins da prevenção geral e especial da pena, o sistema penal-tributário atualmente aplicado no Brasil encoraja a sonegação, ao conceder impunidade criminal e, inclusive, sucessivos perdões ou generosas reduções das multas e dos juros dos débitos administrativo-tributários oriundos dessas infrações, mediante programas de refinanciamento da dívida tributária.

Desse modo, entende-se que o legislador deve retomar a previsão de extinção da punibilidade pelo pagamento do débito tributário somente quando a autodenúncia (voluntária) do contribuinte faltoso ocorrer antes do início da ação fiscal ou do recebimento da denúncia, preservando os direitos e princípios fundamentais insculpidos na Lei Fundamental (liberdade, dignidade da pessoa humana, isonomia, proporcionalidade etc.), os quais devem reger também a aplicação do Direito Penal (que deve ser um sistema único, coerente e sistematizado), atendendo aos seus postulados essenciais, como os princípios da intervenção mínima, da subsidiariedade e da fragmentariedade.

Dessa forma, o pagamento posterior ao início da ação fiscal deverá obedecer às regras gerais do Direito Penal, concedendo apenas a diminuição da pena, permitindo o cumprimento dos princípios constitucionais da isonomia e da proporcionalidade, além de descartar a inconstitucional ameaça de prisão civil por dívida.

Acredita-se, neste vértice, que através das mudanças sugeridas será fomentado um retorno da credibilidade do sistema penal (e penal tributário), respeitando sobretudo os direitos fundamentais, bem como os princípios estabelecidos ao longo de séculos de evolução da humanidade e da doutrina criminal, além de restituir a credibilidade às instituições que participam da persecução penal, permitindo uma economia gigantesca de recursos financeiros para os cofres públicos e, mediatamente, uma melhoria das prestações estatais direcionadas à população.

Enfim, deixar-se-á de estimular a fraude (e todo o desvalor que a conduta encerra), pois as regras atuais beneficiam a quem quita os débitos quando descoberto, como o sonegador contumaz que possui planejamento de sonegação, utilizando os recursos sonegados para investimentos ou como capital de giro, mantendo reservas monetárias para pagamento quando flagrado.

Ao mesmo tempo, deixar-se-á de atrair oportunistas e especuladores ao mercado econômico brasileiro, os quais maximizam seus lucros através da sonegação fiscal e de outras condutas que desrespeitam a legislação trabalhista e ambiental, promovendo uma concorrência mais leal e permitindo que o empresário honesto, que aprimora sua empresa através de investimentos em tecnologia e no aperfeiçoamento dos seus empregados e produtos, gerando bem-estar e riquezas, possa desenvolver e crescer em um mercado sadio.

Trata-se, enfim, da necessidade de estabelecer política fiscal e penal coerentes com os princípios e direitos fundamentais, que não representem uma afronta ao contribuinte honesto, nem um empecilho a um mercado econômico saudável e, muito menos, um favorecimento ao parasitismo, praticado por aqueles que se aproveitam de todas as benesses oferecidas pelo Estado, sem contribuir com a sua parcela de sacrifício na divisão dos custos deste mesmo Estado.

# REFERÊNCIAS

AGUADO CORREA, Teresa. El Principio de Proporcionalidad en Derecho Penal. Madrid: EDERSA, 1999.

ALENCAR, Carlos Higino Ribeiro de. **Prevenção e combate à corrupção e eficácia judicial no Brasil.** 5º Concurso de Monografias da Controladoria-Geral da União. Brasília: CGU, 2010.

ALEXY, Robert. **Teoria dos Direitos Fundamentais.** 4. ed. SILVA, Virgílio Afonso da (Trad.). São Paulo: Malheiros, 2011.

ALLINGHAM, Michael; SANDMO, Agnar. Income Tax Evasion: A Theoretical Analysis. In: **Journal of Public Economics.** n. 1. Pennsylvania, 1972.

ALMEIDA, Carlos Ferreira de. **Introdução ao Direito Comparado.** 2. ed. Coimbra: Almedina, 1998.

ALMEIDA, Welder Oliveira. Pensamento Complexo e Transdisciplinaridade aplicados à Ciência Policial. In: Santos, Célio J. (Coord.). **Revista Brasileira de Ciências Policiais.** v. 1, n. 2. Brasília: ANP, 2010.

AMARAL, Leonardo Coelho. Crimes sócio-econômicos e crimes fiscais: algumas características. 2003. In: MARTINS, I.; BRITO, E. (Org.). **Coleção Doutrinas Essenciais.** v. VIII. São Paulo: RT, 2011.

ANDRADE, José Carlos Vieira de. **Os Direitos Fundamentais na Constituição Portuguesa de 1976.** 4. ed. Coimbra: Almedina, 2009.

ARMINJON, Pierre; NOLDE, Baron Boris; WOLFF, Martin. **Traité de Droit Comparé.** Tome I. Paris: Librairie Générale de Droit et de Jurisprudence, 1950.

ARROYO ZAPATERO, Luis. Derecho penal y económico y Constitución. **Revista Penal,** n. 1, Barcelona: Praxis, 1998. Encontrado em: <http://www.cienciaspenales.net/files/2016/07/7ppios--constit.-dpe-caratula.pdf>, acesso em maio de 2018.

BAJO, Miguel. BACIGALUPO, Silvina. **Derecho Penal Econômico.** 2. ed. Madrid: Editorial Universitaria Ramón Areces, 2010.

BALEEIRO, Aliomar. **Limitações Constitucionais ao Poder de Tributar.** 8. ed. Atualizada por Misabel A. M. Derzi. Rio de Janeiro: Forense, 2010.

BARAK, Aharon. **Proportionality:** Constitutional Rights and their Limitations. KALIR, Doron (Trad.). Cambridge, Cambridge University Press, 2012.

BARATTA, Alessandro. **Criminologia crítica e crítica do direito penal:** introdução à sociologia do direito penal. SANTOS, Juarez Cirino dos (Trad.). 6. ed. Rio de Janeiro: Revan, 2011.

BARDUSCO SILVA, Ana Cristina. O Compromisso do Direito Penal na Consolidação da Sociedade Democrática. **JUDICE**. Revista Jurídica de Mato Grosso, Cuiabá, ano II, n. 4, set./dez. 1999.

BARQUERO ESTEVAN, Juan Manuel. **La función del tributo en el Estado Social y Democrático de Derecho**. Madrid: Centro de Estudios Políticos y Constitucionales, 2002.

BATISTA, Nilo. **Introdução Crítica ao Direito Penal Brasileiro**. 10. ed. Rio de Janeiro: Revan, 2005.

BECKER, Gary. Crime and Punishment: An Economic Approach. In: **The Journal of Political Economy**. Columbia, vol. 76, n. 2, mar. - apr., 1968.

BITENCOURT, Cezar Roberto. Princípios Garantistas e a Delinquência do Colarinho Branco. In: **Revista Brasileira de Ciências Criminais**. n. 11. São Paulo: RT, 1995a.

_____. **Lições de Direito Penal**: parte geral. Porto Alegre: Livraria do Advogado, 1995b.

BOBBIO, Norberto. **A Era dos Direitos**. Rio de Janeiro: Elsevier, 2004.

BONAVIDES, Paulo. **Curso de Direito Constitucional**. 14. Ed. São Paulo: Malheiros, 2004.

BORSIO, Marcelo Fernando. Investigações nos Crimes Previdenciários em face do Inquérito Policial Federal: limitações constitucionais. In: CUNHA, Rogério Sanches; TAQUES, Pedro; GOMES, Luiz Flávio. (Coord.). **Limites Constitucionais da Investigação**. São Paulo: RT, 2009.

BORTOWSKI, Leandro Barreto. **O Preço da Liberdade**: a extinção da punibilidade nos delitos econômicos à luz do princípio da proporcionalidade. Porto Alegre: WS, 2009.

BRASIL. Conselho Nacional de Justiça. Justiça em Números 2017: ano-base 2016. Brasília: CNJ, 2017. Disponível em: <http://www.cnj.jus.br/files/conteudo/arquivo/2017/12/b60a659e5d5cb-79337945c1dd137496c.pdf>. Acessado em maio de 2018.

_____. Conselho Nacional de Justiça. Dados sobre processos criminais tributários e previdenciários obtidos nos endereços eletrônicos <https://bit.ly/2Mjgr7Y> e <https://bit.ly/2sTHBu1>, e nos bancos de dados disponibilizados pelo Departamento de Pesquisas Judiciárias (DPJ-CNJ), compilados pela Associação Brasileira de Jurimetria. Acessado em 12 de junho de 2018.

_____. Decreto-Lei n. 2.848, de 07 de dezembro de 1940. Código Penal. Disponível em: <http://www.planalto.gov.br/ccivil_03/decreto-lei/Del2848compilado.htm>. Acessado em abril de 2017.

_____. IBGE. Diretoria de Pesquisas. Coordenação de População e Indicadores Sociais. Relatório de Estimativas de População no Ano de 2017. Disponível em: <https://www.ibge.gov.br/estatisticas-novoportal/sociais/populacao/9103-estimativas-de-populacao.html?=&t=downloads>. Acesso em julho de 2018.

_____. IBGE. Diretoria de Pesquisas. Coordenação de Metodologia das Estatísticas de Empresas, Cadastro e Classificações. Estatísticas do Cadastro Central de Empresas em 2014. Rio de Janeiro: IBGE, 2016. Disponível em: https://biblioteca.ibge.gov.br/visualizacao/livros/liv97205.pdf. Acesso em julho de 2018.

_____. Lei n. 4.729, de 14 de julho de 1965. Define o crime de sonegação fiscal e dá outras providências. Disponível em: <http://www.planalto.gov.br/ccivil_03/

# REFERÊNCIAS

leis/1950-1969/L4729.htm>. Acesso em abril de 2017.

_____. Lei n. 5.172, de 25 de outubro de 1966. Dispõe sobre o Sistema Tributário Nacional e institui normas gerais de direito tributário aplicáveis à União, Estados e Municípios. Disponível em: <http://www.planalto.gov.br/ccivil_03/leis/L5172.htm>. Acesso em abril de 2017.

_____. Lei n. 8.137, de 27 de dezembro de 1990. Define crimes contra a ordem tributária, econômica e contra as relações de consumo, e dá outras providências. Disponível em: <http://www.planalto.gov.br/ccivil_03/leis/L8137.htm>. Acesso em abril de 2017.

_____. Lei n. 8.383, de 30 de dezembro de 1991. Institui a Unidade Fiscal de Referência, altera a legislação do imposto de renda e dá outras providências. Disponível em: <http://www.planalto.gov.br/ccivil_03/leis/L8383.htm>. Acesso em abril de 2017.

_____. Lei n. 9.249, de 26 de dezembro de 1995. Altera a legislação do imposto de renda das pessoas jurídicas, bem como da contribuição social sobre o lucro líquido, e dá outras providências. Disponível em: <http://www.planalto.gov.br/ccivil_03/leis/L9249.htm>. Acesso em abril de 2017.

_____. Lei nº 9.430, de 27 de dezembro de 1996. Dispõe sobre a legislação tributária federal, as contribuições para a seguridade social, o processo administrativo de consulta e dá outras providências. Disponível em: <http://www.planalto.gov.br/ccivil_03/leis/L9430.htm>. Acesso em abril de 2017.

_____. Lei n. 9.964, de 10 de abril de 2000. Institui o Programa de Recuperação Fiscal – Refis e dá outras providências. Disponível em: <http://www.planalto.gov.br/ccivil_03/leis/L9964.htm>. Acessado em abril de 2017.

_____. Lei n. 10.684, de 30 de maio de 2003. Altera a legislação tributária, dispõe sobre parcelamento de débitos junto à Secretaria da Receita Federal, à Procuradoria-Geral da Fazenda Nacional e ao Instituto Nacional do Seguro Social e dá outras providências. Disponível em: <http://www.planalto.gov.br/ccivil_03/leis/2003/L10.684.htm>. Acesso em abril de 2017.

_____. Lei n. 11.941, de 27 de maio de 2009. Altera a legislação tributária federal relativa ao parcelamento ordinário de débitos tributários e dá outras providências. Disponível em: <http://www.planalto.gov.br/ccivil_03/_ato2007-2010/2009/lei/l11941.htm>. Acesso em abril de 2017.

_____. Lei nº 12.382, de 25 de fevereiro de 2011. Dispõe sobre o valor do salário mínimo em 2011, altera a Lei nº 9.430, de 27 de dezembro de 1996 e dá outras providências. Disponível em: <http://www.planalto.gov.br/ccivil_03/_Ato2011-2014/2011/Lei/L12382.htm>. Acesso em abril de 2017.

_____. Departamento de Polícia Federal. Dados sobre inquéritos instaurados pela Polícia Federal. Brasília: Corregedoria-Geral da Polícia Federal, 2018. Processo de acesso à informação NUP e-SIC DPF 08850003113201803, com resposta recebida em 05.07.2018.

_____. Secretaria da Receita Federal. Carga Tributária no Brasil em 2016: análise por tributos e bases de incidência. 2017. Disponível em: <http://idg.receita.fazenda.gov.br/dados/receitadata/estudos-e-tributarios-e-aduaneiros/estudos-e-estatisticas/carga-tributaria-no-brasil/carga-tributaria-2016.pdf.> Acesso em maio de 2018.

_____. Secretaria da Receita Federal. Arrecadação Federal por Unidade da Federação no ano de 2017. Disponível em: <http://idg.receita.fazenda.gov.br/dados/receitadata/arrecadacao/arrecadacao-por-estado/arrecadacao-uf-2017/arrecadacao-por-uf-internet-jan-dez17.ods/view> Acesso julho de 2018.

_____. Superior Tribunal de Justiça. Habeas Corpus nº 362478, São Paulo. Relator Min. Jorge Mussi. Quinta Turma. Data da decisão: 14/09/2017. Publicado no DJe de 20/09/2017.

_____. Superior Tribunal de Justiça. Habeas Corpus nº 180.993, São Paulo. Relator Min. Jorge Mussi. Quinta Turma. Data da decisão: 13/12/2011. Publicado no DJe 19/12/2011.

_____. Superior Tribunal de Justiça. Recurso ordinário em habeas corpus nº 27774, São Paulo. Relator Min. Ribeiro Dantas. Quinta Turma. Data da decisão: 12/12/2017. Publicado no DJe 19/12/2017.

_____. Superior Tribunal de Justiça. Recurso ordinário em habeas corpus nº 34159, Santa Catarina. Relator Min. Ribeiro Dantas Quinta Turma Data da decisão: 12/12/2017. Publicado no DJe 19/12/2017.

_____. Supremo Tribunal Federal. Embargos de declaração na ação penal n° 516, Distrito Federal. Rel. Min. Ayres Britto. Red. para Ac. Min. Luiz Fux. Data da decisão: 05/12/2013. Disponível em: <http://www.stf.jus.br/arquivo/informativo/documento/informativo731.htm#ED: extinção de punibilidade pelo pagamento integral de débito e prescrição retroativa - 11>. Acesso em abril de 2017.

_____. Supremo Tribunal Federal. Questão de ordem na ação penal n. 613, Tocantins. Rel. Min. Carmen Lúcia. Data da decisão: 15/05/2014. Disponível em: <http://redir.stf.jus.br/paginadorpub/paginador.jsp?docTP=TP&docID=6017447>. Acesso em maio de 2017.

_____. Supremo Tribunal Federal. Segunda Turma. Recurso ordinário em *habeas corpus* n° 128.245, São Paulo, Rel. Min. Dias Toffoli. Data da decisão: 23/08/2016. Disponível em: <http://redir.stf.jus.br/paginadorpub/paginador.jsp?docTP=TP&docID=11898938>. Acesso em maio de 2017.

_____. Tribunal de Contas da União e Controladoria-Geral da União. Avaliação da integridade do CARF. Relatório de Auditoria nº 201504306. Acórdão nº 1076/2016. Rel. Min. Raimundo Carreiro, TCU, Plenário, j. em 04.05.2016. Disponível em: <http://www.cgu.gov.br/noticias/2016/06/auditoria-conjunta-entre-cgu-e-tcu-aponta-fragilidades-na-estrutura-do-carf>. Acesso em junho de 2018.

BRITO, Edvaldo. **Direito tributário e Constituição**: estudos e pareceres. 1. ed. São Paulo: Atlas, 2016.

BROWN, William W.; REYNOLDS, Morgan O. Crime and "punishment": risk implications. **Journal of Economic Theory**, v. 6, n. 5, University of California, 1973.

BUENO, José Antônio Pimenta. **Direito Publico Brazileiro e Analyse da Constituição do Imperio**. Rio de Janeiro: J. Villeneuve, 1857.

BUENO, José Antônio Pimenta. **Direito Publico Brazileiro e Analyse da Constituição do Imperio**. Rio de Janeiro: J. Villeneuve, 1857.

BUFFON, Marciano. **Tributação e Dignidade Humana**: entre os direitos e os deveres fundamentais. Porto Alegre: Livraria do Advogado, 2009.

CANOTILHO, J. J. Gomes. **Direito Cons-**

# REFERÊNCIAS

titucional e Teoria da Constituição. 7. Ed. Coimbra: Almedina. 2003.

CARRAZZA, Roque Antônio. **Curso de Direito Constitucional Tributário**. 26. ed. São Paulo: Malheiros, 2010.

CARDOSO, Alessandro Mendes. **O Dever Fundamental de Recolher Tributos no Estado Democrático de Direito**. Porto Alegre: Livraria do Advogado, 2014.

CHULVI, Cristina Pauner. **El deber constitucional de contribuir al sostenimiento de los gastos públicos**. Castellón: Universitat Jaume I, 2001.

COMPARATO, Fábio Konder. **A afirmação histórica dos direitos humanos**. 7. ed. rev. e atual. São Paulo: Saraiva, 2010.

CORREIA NETO, Celso de Barros. **O Avesso do Tributo**: incentivos e renúncias fiscais no direito brasileiro. Tese de Doutorado. São Paulo: USP, 2012.

_____. Os Tributos e os Direitos Fundamentais. In: **Revista de Estudos e Pesquisas Avançadas do Terceiro Setor**. Brasília, v. 3, nº 2, Jul-Dez, 2016.

_____. BRANCO, Paulo Gonet (Coords.). **Tributação e Direitos Fundamentais conforme a jurisprudência do STF e do STJ**. São Paulo: Saraiva, 2012.

COSSON, Jean. **Les Industriels de la Fraude Fiscale**. Paris: Seuil, 1971.

COWELL, Frank; GORDON, James. Unwillingness to pay: Tax Evasion and Public Good Provision. In: **Journal of Public Economics**. n. 36. Pennsylvania, 1988.

DEPEYRE, Yves Jacquin. **La Réconciliation Fiscale**. Paris: Odile Jacob, 2016.

DÍEZ RIPOLLÉS, José Luis. **La Política Criminal en la Encrucijada**. Montevideo, Buenos Aires: Editorial BdeF, 2007.

DIMOULIS, Dimitri; MARTINS, Leonardo. **Teoria Geral dos Direitos Fundamentais**. 5. ed. São Paulo: Atlas, 2014.

ECHAVARRÍA RAMÍREZ, Ricardo. Consideraciones sobre el bien jurídico penalmente protegido por el delito de defraudación tributaria del art. 305 C. P. Español. In: **Revista Electrónica de Ciencia Penal y Criminologia**, Número 16, Año 2014. Granada: Universidad de Granada, 2014. Encontrado em: <http://criminet.ugr.es/recpc/16/recpc16-04.pdf>, acessado em maio de 2017.

EISELE, Andreas. A reparação do dano no Direito Penal Tributário. In: Heloísa Estellita Salomão (Coord.). **Direito Penal Empresarial**. v. 1. São Paulo: Dialética, 2001.

ESPANHA. **Constitución Española**. Boletín Oficial del Estado, de 29 de diciembre de 1978.

FALCÃO, Maurin A. Os efeitos da mudança social sobre o binômio tributação e democracia na sociedade pós-Revolução Industrial. **Direito, Estado e Sociedade**. Rio de Janeiro: PUC, n. 43, jul.-dez. 2013.

FARALDO CABANA, Patricia. **Los Delitos Societarios**: presupuestos de su criminalización em España. Tese (Doutorado em Direito) - Universidad de La Coruña, La Coruña, 1995.

FAVEIRO, Vítor. **O Estatuto do Contribuinte**: a pessoa do contribuinte no Estado Social de Direito. Coimbra: Coimbra Ed., 2002.

FERRAJOLI, Luigi. **Direito e Razão**: Teoria do Garantismo Penal. 3. ed. rev. São Paulo: RT, 2010.

FIGUEIREDO DIAS, Jorge de. Sobre a autonomia dogmática do direito penal econômico – Uma reflexão à luz do novo direito penal econômico português. In: **Conferência na Faculdade de Direito da Universidade de Santiago de Compostela**. Santiago de Compostela: USC,

1984.

FORSTHOFF, Ernst. **El estado de la sociedad industrial**. GUERRA, Luis López; MUÑIZ, Jaime Nicolás (Trad.). Madrid: Instituto de Estudios Políticos, 1975.

FREITAS, Juarez. A melhor interpretação constitucional "versus" a única resposta correta. In: SILVA, Virgílio Afonso da (Org.). **Interpretação constitucional**. São Paulo: Malheiros, 2007.

FUNDAÇÃO GETÚLIO VARGAS. **Relatório Final NEF 2009**: Reforma do Processo Administrativo Fiscal Federal (PAF)/CARF. DE SANTI, Eurico Marcos Diniz (Coord.). São Paulo: FGV, 2009.

GALDINO, Flávio. **Introdução à teoria dos custos dos direitos**: direitos não nascem em árvores. Rio de Janeiro: Lumen Juris, 2005.

GAMBOGI, Gianluca. **La riforma dei reati tributari**. Milan: Giuffrè, 2016.

GRECO, Marco Aurélio. Solidariedade Social e Tributação. In: GRECO, Marco Aurélio; GODOI, Marciano Seabra de (Coord.). **Solidariedade Social e Tributação**. São Paulo: Dialética, 2005.

GUILMAIN, Antoine. Sur les traces du principe de proportionnalité: une esquisse généalogique. **McGill Law Journal**/Revue de droit de McGill, v. 61, n. 1, 2015.

GUSTAVO BARROETAVEÑA, Diego. Derecho Penal Económico: Delitos Tributarios. Propuestas para un Derecho Penal Tributario Respetuoso de los Principios y Garantías Penales. In: **Revista Brasileira de Ciências Criminais**. v. 86. Set. Out. São Paulo: RT, 2010.

HOLMES, Stephen; SUNSTEIN, Cass. **The Cost of Rights**: why liberty depends on taxes. New York: Norton & Co., 1999.

IGLESIAS RÍO, Miguel Angel. **La regularización fiscal en el delito de defraudación tributaria**. Valencia: Tirant lo Blanch, 2003.

ITÁLIA. **Costituzione della Repubblica Italiana**. Gazzetta Ufficiale, 27 dicembre 1947, n. 298.

JAKOBS, Günther. **Tratado de Direito Penal**: Teoria do Injusto Penal e Culpabilidade. Gercélia B. de O. Mendes e Geraldo de Carvalho (Trad.). Belo Horizonte: Del Rey, 2008.

LAPORTA, Mario Hernán. **Delito Fiscal**: el hecho punible, determinación del comportamiento típico. Buenos Aires-Montevideo: Editorial B de F, 2013.

LOPES Jr., Aury. **Fundamentos do processo penal: introdução crítica**. São Paulo: Saraiva, 2015.

MACHADO, Hugo de Brito. **Crimes contra a Ordem Tributária**. São Paulo: Atlas, 2008.

_____. **Curso de Direito Tributário**. 37. ed. São Paulo: Malheiros, 2016.

MANTOVANI, Ferrando. **Diritto Penale**: Parte generale. 4. ed. Padova: CEDAM, 2001.

MARTÍNEZ-BUJÁN PÉREZ, Carlos. Derecho Penal Económico y de la Empresa: parte general. 5. ed. Valencia: Tirant lo Blanch, 2016.

_____. Algunas reflexiones sobre la moderna teoria del *big crunch* em la seleccion de bienes jurídico-penales. **Anuario da Facultade de Dereito da Universidade da Coruña**, La Coruña, n. 7, 2003.

_____. El Delito de Defraudación Tributaria. In: **Revista Penal**. n. 1, 1998.

_____. **Los Delitos contra la Hacienda Pública y la Seguridad Social**. Madrid: Editorial Tecnos, 1995a.

_____. El bien jurídico en el delito de defraudación tributaria. **Estudios Penales y Criminológicos**. vol. XVIII. Cursos e Congresos nº 87. Santiago de

Compostela: Universidade de Santiago de Compostela, 1995b.

MARTINS, Ives Gandra da Silva. Limitações à Procedibilidade Penal Autônoma em Matéria Tributária. Publicado inicialmente em 1988. In: MARTINS, Ives Gandra da Silva; BRITO, Edvaldo. (Org.). **Coleção Doutrinas Essenciais**. v. VIII. São Paulo: RT, 2011.

_____. Crimes contra a Ordem Tributária. Publicado inicialmente em 1995. In: MARTINS, Ives Gandra da Silva; BRITO, Edvaldo. (Org.). **Coleção Doutrinas Essenciais**. v. VIII. São Paulo: RT, 2011.

MEIRA, Liziane Angelotti. Direitos Fundamentais e Tributação: Saúde, Salário, Aposentadoria e Tributação – Tensão Dialética? In: MEIRA, Liziane Angelotti; CORREIA NETO, Celso de Barros; BRANCO, Paulo Gonet (Coord.). **Tributação e Direitos Fundamentais conforme a jurisprudência do STF e do STJ**. São Paulo: Saraiva, 2012.

MELLO, Celso Antônio Bandeira de. **O Conteúdo Jurídico do Princípio da Igualdade**. 3. ed. 9 tiragem. São Paulo: Malheiros, 2001.

MENDES, Gilmar Ferreira; BRANCO, Paulo Gustavo Gonet. **Curso de Direito Constitucional**. 10. ed. São Paulo: Saraiva, 2015.

MONTORO FILHO, André Franco. **Corrupção, Ética e Economia**: Reflexões sobre a ética concorrencial em economias de mercado. São Paulo: ETCO, 2012.

NABAIS, José Casalta. **O Dever Fundamental de Pagar Impostos**: contributo para a compreensão constitucional do Estado Fiscal Contemporâneo. Coimbra: Almedina, 1998.

_____. A Face Oculta dos Deveres Fundamentais. In: **Revista Direito Mackenzie**. ano 3. n. 2. 2002.

_____. Solidariedade Fiscal, Cidadania e Direito Fiscal. In: GRECO, Marco Aurélio; GODOI, Marciano Seabra de (Coord.). **Solidariedade Social e Tributação**. São Paulo: Dialética, 2005.

NABARRETE NETO, André. Extinção da Punibilidade nos Crimes contra a Ordem Tributária. 1997. In: MARTINS, Ives Gandra da Silva; BRITO, Edvaldo. (Org.). **Coleção Doutrinas Essenciais**. v. VIII. São Paulo: RT, 2011.

NOGUEIRA, Ruy Barbosa. **Curso de Direito Tributário**. São Paulo: Saraiva, 1990.

OLIVÉ, Juan Carlos Ferré. El bien jurídico protegido en los delitos tributarios. **Revista Justiça e Sistema Criminal**, v. 6, n. 11, jul-dez 2014.

OLIVEIRA, Luiz Renato Pacheco de. Reflexões sobre os Crimes Tributários. In: MARTINS, Ives Gandra da Silva; BRITO, Edvaldo. (Org.). **Coleção Doutrinas Essenciais**. v. VIII. São Paulo: RT, 2011.

PALAZZO, Francesco. **Valores Constitucionais e Direito Penal**. DOS SANTOS, Gérson Pereira (Trad.). Porto Alegre: Fabris, 1989.

PEDRA, Adriano Sant'ana. Los deberes de las personas y la realización de los derechos fundamentales. In: **Estudios Constitucionales**. Año 12, n. 2, 2014.Talca: Universidad de Talca, 2014.

PÉREZ ROYO, Fernando. **Los Delitos y las Infracciones en Matéria Tributaria**. Madrid: Instituto de Estudios Fiscales, 1986.

SANCHÍS, Luis Prieto. **Justicia constitucional y derechos fundamentales**. Madrid: Trotta, 2003.

PIKETTY, Thomas. **O Capital no Século XXI**. DE BOLLE, Mônica Baumgarten (Trad.). Rio de Janeiro: Intrínseca, 2014.

PIOVESAN, Flávia. **Direitos Humanos e

Justiça Internacional: um estudo comparativo dos sistemas regionais europeu, interamericano e africano. São Paulo: Saraiva, 2006.

PODVAL, Roberto. Um grande equívoco. In: **Boletim IBCCrim**, Editorial. Fev. 1996.

PORTUGAL. **Constituição da República Portuguesa**. Assembleia Constituinte, sessão plenária de 2 de Abril de 1976.

_____. **Decreto-Lei 28/84**, de 20 de Janeiro de 1984. Altera o regime em vigor em matéria de infracções antieconómicas e contra a saúde pública.

PRADO, Luiz Regis. **Curso de Direito Penal Brasileiro**. vol. 1. 3. ed. São Paulo: RT, 2002.

_____. **Direito Penal Econômico**. 5. ed. São Paulo: RT, 2013.

ROCHA, Sergio André. **Política Fiscal Internacional Brasileira**. Rio de Janeiro: Lumen Juris, 2017.

RODRIGUES, Anabela Miranda. Contributo para a Fundamentação de um Discurso Punitivo em Matéria Penal Fiscal. In: PODVAL, Roberto (Org.). **Temas de Direito Penal Econômico**. São Paulo: Revista dos Tribunais, 2001.

_____. Direito Penal Econômico: uma política criminal da era da globalização. In: VALENTE, Manuel Monteiro Guedes (Coord.). **Os Desafios do Direito (Penal) do Século XXI**. Lisboa: Legit Edições, 2018.

ROTHMAN, Gerd W. A Extinção da Punibilidade nos Crimes contra a Ordem Tributária. 1995. In: MARTINS, Ives Gandra da Silva; BRITO, Edvaldo. (Org.). **Coleção Doutrinas Essenciais**. v. VIII. São Paulo: RT, 2011.

ROXIN, Claus. **Política Criminal e Sistema Jurídico-Penal**. GRECO, Luís (Trad.). Rio de Janeiro: Renovar, 2002.

_____. **A Proteção de Bens Jurídicos como Função do Direito Penal**. CALLEGARI, André Luis; GIACOMOLLI, Nereu José (Org. e Trad.). 2. ed. Porto Alegre: Livraria do Advogado, 2009.

SACCHETTO, Cláudio. O Dever de Solidariedade no Direito Tributário: o ordenamento italiano. Milene Eugênio Cavalcante Greco e Marco Aurélio Greco (Trad.). In: GRECCO. Marco Aurélio; GODOI, Marciano Seabra (Coord.). **Solidariedade Social e Tributação**. São Paulo: Dialética, 2005.

SALOMÃO, Heloísa Estellita. Extinção da punibilidade pelo pagamento nos crimes tributários e previdenciários após o advento da Lei 9.983/00. **Revista Síntese de Direito Penal e Processual Penal**. Porto Alegre. ano 2. n. 8, jun-jul 2001a.

_____. O Princípio Constitucional da Isonomia e o Crime de Omissão no Recolhimento de Contribuições Previdenciárias (Art. 168-A, § 1º, I, Código Penal). In: Heloísa Estellita Salomão (Coord.). **Direito Penal Empresarial**. v. 1. São Paulo: Dialética, 2001b.

SÁNCHEZ RÍOS, Rodrigo. **O Crime Fiscal**: reflexões sobre o crime fiscal no direito brasileiro (Lei n. 8.137, de 27 de dezembro de 1990) e no direito estrangeiro, Porto Alegre: Fabris, 1998.

_____. **Das Causas de Extinção da Punibilidade nos Delitos Econômicos**. Ciência do Direito Penal Contemporânea. vol. 5. São Paulo: RT, 2003.

SANTOS, Inês Moreira. Crime de Colarinho Branco: práticas inconfessáveis. In: COSTA, José de Faria; SILVA, Marco Antonio Marques da. (Coord.). **Direito Penal Especial, Processo Penal e Direitos Fundamentais: Visão Luso-Brasileira**. São Paulo: Quartier Latin, 2006.

SANTOS, J. Albano. **Teoria Fiscal**. Lisboa:

Universidade Técnica de Lisboa, 2003.
SARLET, Ingo Wolfgang; MARINONI, Luiz Guilherme; MITIDIERO, Daniel. **Curso de Direito Constitucional**. São Paulo: Saraiva, 2015.
SCHOUERI, Luís Eduardo. Imunidade Tributária e Ordem Econômica. In: **Grandes Questões Atuais do Direito Tributário**. ROCHA, Valdir de Oliveira (Coord.). vol. 15. São Paulo: Dialética, 2011.
SILVA, Germano Marques da. **Direito Penal Tributário**. 2. ed. rev. ampl. Lisboa: Universidade Católica, 2018.
SILVA, Isabel Marques da. **Regime geral das Infrações Tributárias**. Cadernos IDEFF, n. 5, 3. ed. Coimbra: Almedina, 2010.
SILVA, José Afonso da. **Curso de Direito Constitucional Positivo**. São Paulo: Malheiros, 2011.
SILVA, Juary C. **Elementos de Direito Penal Tributário**. São Paulo: Saraiva, 1998.
SILVEIRA, Eustáquio Nunes. A falta de recolhimento de tributos como crime. In: Reynaldo Lyra Pessôa (Coord.). **Contribuições à literatura Jurídica**. Brasília: TRF da 1ª Região, 1996.
SIQUEIRA, Marcelo Lettieri; RAMOS, Francisco S. Evasão fiscal do imposto sobre a renda: uma análise do comportamento do contribuinte ante o sistema impositivo brasileiro. In: **Economia Aplicada**, v. 10, n. 3, jul.-set. 2006.
SOMMA, Alessandro. **Introducción al Derecho Comparado**. CONDE NARANJO, Esteban (Trad.). Madrid: Universidad Carlos III, 2015.
SOUSA, Susana Aires de. **Os Crimes fiscais**: análise dogmática e reflexão sobre a legitimidade do discurso criminalizador. Coimbra: Coimbra Editora, 2009.
STEINER, Sylvia Helena de Figueiredo. Crimes Tributários e normas penais no regime do Refis. In: **Refis: aspectos jurídicos relevantes**. Guilherme Vergueiro (Coord.). Bauru: EDIPRO, 2001.
STIGLITZ, Joseph E. **Economics of the Public Sector**. 3. ed. New York: W. W. Norton, 2000.
STOCO, Rui. **Crimes contra a ordem tributária**. São Paulo: RT, 2016.
STRECK, Lenio Luiz. O Dever Fundamental de Pagar Impostos. In: **Jornal do Brasil**. Rio de Janeiro, 21 fev. 2001.
SUTHERLAND, Edwin H. **Crime de Colarinho Branco**: versão sem cortes. Rio de Janeiro: Revan, 2015.
TIPKE, Klaus. **Moral Tributária do Estado e dos Contribuintes**. FURQUIM, Luiz Dória (Trad.). Porto Alegre: Sérgio Fabris, 2012.
_____. LANG, Joachim. **Direito Tributário (Steuerrecht)**. 18. ed. vol. I. FURQUIM, Luiz Dória (Trad.). Porto Alegre: Sérgio Fabris, 2008.
_____. LANG, Joachim. **Direito Tributário (Steuerrecht)**. 18. ed. vol. III. ANTONIUK, Elisete (Trad.). Porto Alegre: Sérgio Fabris, 2014.
TIEDEMANN, Klaus. **Manual de Derecho Penal y Econômico**: parte general y especial. ABANTO VÁSQUEZ, Manuel A. et al (Trad.). Valencia: Tirant lo Blanch, 2010.
TORRES, Ricardo Lobo. A cidadania multidimensional na era dos direitos. In: **Teoria dos Direitos Fundamentais**. TORRES, Ricardo Lobo (Org.). 2. ed. Rio de Janeiro: Renovar, 2001.
_____. **Tratado de Direito Constitucional Financeiro e Tributário**. vol. II. Valores e Princípios Constitucionais Tributários. 2. ed. Rio de Janeiro: Renovar, 2005.
_____. **Tratado de Direito Constitucional Financeiro e Tributário**. vol. II. Valo-

res e Princípios Constitucionais Tributários. 2. ed. Rio de Janeiro: Renovar, 2014.

VALADÃO, Marcos Aurélio Pereira. Comentários sobre as alterações tributárias à Constituição Brasileira de 1988. In: **Ciência e Técnica Fiscal,** nº 413, 2004.

\_\_\_\_\_. Direitos Humanos e Tributação: uma concepção integradora. In: **Revista Direito em Ação**, v. 2, n° 1, set. 2001. Brasília.

\_\_\_\_\_. Crimes de Sonegação Fiscal: um enfoque criminológico e econômico. In: OTERO, Paulo; ARAÚJO, Fernando; DA GAMA, João Taborda. (Org.). **Estudos em Memória do prof. Dr. J. L. Saldanha Sanches**. vol. V. set. 2011. Coimbra: Coimbra Editora, 2011.

\_\_\_\_\_. O Brasil e a iniciativa BEPS. In: **Desafíos y primeros avances del proyecto BEPS en Latinoamérica**. PATÓN GARCÍA, Gemma (Coord.). Lima: ECB, 2016. Disponível em: https://dialnet.unirioja.es/servlet/articulo?codigo=5882360. Acessado em julho de 2018.

VALENTE, Manuel Monteiro Guedes. **Direito Penal**: fundamentos político-criminais. Lisboa: Manuel Monteiro Guedes Valente, 2017.

\_\_\_\_\_. **Teoria Geral do Direito Policial**. 4. ed. Coimbra: Almedina, 2014.

VELOSO, Roberto Carvalho. **Crimes Tributários**. São Paulo: Quartier Latin, 2011.

WEISBURD, David; WARING, Elin; CHAYET, Ellen F. **White-Collar Crime and Criminal Careers**. Cambridge: Cambridge University, 2001.

XAVIER PHILIPPE. **Le contrôle de proportionnalité dans les jurisprudences constitutionnelle e administrative françaises**. Aix-en-Provence: Presses Universitaires D'aix-Marseille, 1990.

XEREZ, Hugo Vasconcelos. **Crimes Tributários**: Teoria à extinção da punibilidade pelo pagamento. Curitiba: Juruá, 2017.